Herbert Kaefer

Am Brunnen des Lebens

Herbert Kaefer

AM BRUNNEN DES LEBENS

Taufgottesdienste mit Symbolen

HERDER

FREIBURG · BASEL · WIEN

© Verlag Herder GmbH, Freiburg im Breisgau 2008
Alle Rechte vorbehalten
www.herder.de

Umschlaggestaltung: Finken & Bumiller
Umschlagmotiv: © www.photocase.de

Die Bibeltexte sind, soweit im Text nichts
anderes angegeben ist, entnommen aus:
Einheitsübersetzung der Heiligen Schrift
© 1980 Katholische Bibelanstalt, Stuttgart

Herstellung: fgb · freiburger graphische betriebe
www.fgb.de

Gedruckt auf umweltfreundlichem, chlorfrei gebleichtem Papier
Printed in Germany

ISBN 978-3-451-32016-3

INHALT

EINE TAUFE MUSS GEFEIERT WERDEN! Alle haben Grund zur Freude, wenn ein Kind zur Taufe gebracht wird, und erst recht, wenn ein junger oder erwachsener Mensch sich selbst zur Taufe meldet:

◈ Für den Täufling und seine Familie ist es eine Chance, wenn sie die Botschaft Jesu kennen lernen und sich dafür entscheiden. Jesu Wort und Leben kann gerade einem jungen Menschen eine gute Ausrichtung für das Leben geben.

◈ Für eine kinder- und familienfreundliche Gemeinde und Kirche sind die jungen Mitglieder und ihre Familien eine Bereicherung. In der Kirche gehören Kinder von Anfang an dazu – ohne dass sie irgendeine Leistung bringen oder Kirchensteuer zahlen müssen. Sie sind – hoffentlich – einfach willkommen.

◈ Für Priester, Diakone und vielleicht bald auch andere Beauftragte gibt es kaum einen schöneren Dienst, als zu taufen und zur Taufe vorzubereiten!

Natürlich soll die Taufe kein isoliertes Fest und nicht nur ein besonderer Kindergeburtstag sein, sondern ein Höhepunkt in einem Prozess, der mit der Anmeldung zur Taufe beginnt und mit der Taufe nicht beendet wird.

Taufe zwischen Wunsch und Wirklichkeit

Eltern und ihre Motive und Erwartungen

Die Initiative zu einer Taufe geht zumeist von den Eltern eines Kindes aus, zunehmend häufiger auch von Großeltern oder den Täuflingen selbst. Bei fast allen Familien gewinnt das Familienfest bei der Taufe an Gewicht, das Bewusstsein um das Sakrament der Eingliederung in die Kirche nimmt dagegen ab.

Die Motive der Eltern, warum sie ihr Kind zur Taufe anmelden, sind unterschiedlich. Es würde hier zu weit führen, sie auf dem Hintergrund der verschiedenen Milieus der Sinus-Studie genauer anzuschauen. Einige Eindrücke und Vermutungen seien aber vorgestellt:

◈ *Konservative und Traditionsverwurzelte* stellen den Hauptteil der Gottesdienstteilnehmer(innen). Für sie ist insbesondere in katholischen Gebieten die Taufe noch selbstverständlich: »Wir sind ja auch getauft«.

◈ Manche Familien aus der *bürgerlichen Mitte* sind selbst in ihrer Gemeinde aktiv. Sie wollen, ebenso wie Eltern aus dem Milieu der *Postmateriellen*, das Beste für ihr Kind. Für Familien aus der bürgerlichen Mitte bedeutet dies, dass sie ihr Kind bewusst christlich erziehen und in ihrer Gemeinde beheimaten wollen. Eltern aus dem Milieu der Postmateriellen wollen ihrem Kind christliche Werte vermitteln, ihr Kind unter den Schutz Gottes stellen und/oder sie haben schöne Erinnerungen an kirchliche Feste wie St. Martin, Weihnachten oder Erstkommunion und wollen ihren Kindern solche Erlebnisse nicht vorenthalten.

◈ Dem Milieu der *Konsum-Materialisten* sind eher Äußerungen zuzuordnen wie: »Unser Kind soll kein Außenseiter werden«, oder sie wünschen, dass ihr Kind einen Platz im katholischen Kindergarten bekommt.

◈ Junge Paare aus dem Milieu der *modernen Performer* entscheiden sich bewusst, ob sie Kinder wollen, weil diese Entscheidung ihre Lebensweise und Lebensplanung grundlegend beeinflusst. Nach der Geburt brauchen sie einige Monate, bis sie sich auf die neue Situation eingestellt haben. Dann wollen sie ihr Kind und sich als Eltern der Familie und dem Freundeskreis vorstellen. Wenn das Fest mit der Taufe beginnen soll, möchten die Eltern, dass die kirchliche Feier und das Fest zu Hause zusammenpassen. Sie erwarten zumindest, dass sie sich vor den Menschen, die ihnen wichtig sind, nicht schämen müssen für eine kirchliche Feier, die »unter Niveau« wäre.

Selbstverständlich soll nicht kritisiert werden, dass zusammen mit der Taufe ein Familienfest stattfindet, aber die Taufspender sollten um den Zusammenhang wissen, in dem die Taufe stattfindet.

Ebenso steht es niemandem zu, die Motive der Eltern zu werten, ganz abgesehen von den Schwierigkeiten mancher Eltern, sich über ihre Motive klar zu werden und sie zu artikulieren. Für die Taufspender ist es jedoch wichtig, im Taufgespräch aufmerksam für die Motive der Eltern zu sein und nicht unreflektiert Motive zu unterstellen, die nicht die der Eltern sind! Sie sollten grundsätzlich davon ausgehen, dass die Entscheidung für ein Kind ebenso wie die Entscheidung zur Taufanmeldung nicht mehr selbstverständlich und dass eine schöne Tauffeier und ein positives Echo aus dem Verwandten- und Freundeskreis den jungen Eltern sehr wichtig sind.

Wenn Eltern ein zweites und weitere Kinder bekommen, ist für sie meist von vorneherein klar, ob sie ihr Kind taufen lassen, und sie haben durch die Taufe des ersten Kindes schon gewisse Vorstellungen. Manchmal werden das erste und zweite Kind auch zusammen getauft.

Ohnehin zeigen kirchliche Statistiken und die Erfahrungen aller Priester, die in Städten tätig sind, dass eine wachsende Zahl Kinder erst später getauft wird. Anlässe können der Besuch des Kindergartens, die Einschulung oder der Beginn der Erstkommunionvorbereitung sein. Oder die Eltern erleben eine gute Kinderarbeit in ihrer Gemeinde und wollen ihr Kind daran teilnehmen lassen.

Die Entscheidung der Eltern in theologischer Sicht

Wenn Eltern sich bewusst für die Taufe ihres Kindes entscheiden, erhält die Taufe ein Gewicht, das ihrer theologischen Bedeutung entspricht: Die Entscheidung für eine Erziehung im christlichen Glauben und die Mitgliedschaft in einer Kirche ist etwas Besonderes. Sie kann eine Weichenstellung für das Leben sein.

Es ist gut, wenn die Bedeutung der Taufe im Taufgespräch deutlich wird und wenn Vorbereitung und Gestaltung der Tauffeier dieser Bedeutung entsprechen. Wenn die Taufe ohne Taufbesuch kurz vor oder nach der Messe schnell angehängt wird, ist dies völlig unangemessen!

Andererseits sind die Glaubenspraxis und das Wissen über den eigenen Glauben bei nicht wenigen Eltern so gering, dass sich die Frage stellt, ob es nicht sinnvoller wäre, mit manchen Familien eine

Kindersegnung statt einer Taufe zu feiern und den Eltern und/oder größeren Kindern ein Katechumenat vor der Taufe anzubieten. Dies gilt ganz besonders (aber nicht nur) bei ungetauften Eltern aus den neuen Bundesländern oder bei Familien aus der ehemaligen Sowjetunion, die manchmal keine Gemeinde- und Gottesdiensterfahrungen haben.

Zwischen dem Wunsch der Eltern und der Glaubenssituation in den Familien einerseits und der Bedeutung der Taufe andererseits kann eine große Lücke klaffen. Diese Problematik kann hier nur genannt werden. Viele Materialien in diesem Werkbuch könnten auch für eine feierliche Kindersegnung genutzt werden.

Priester und ihre Überforderung

Viele Priester sind heute für zahlreiche Gemeinden zuständig. Sie wissen selten, wie sie angemessen eine große Zahl von Gottesdiensten vorbereiten und feiern können, außerdem die Verwaltung erledigen, mit Personal zusammenarbeiten, Ehrenamtliche gewinnen und schulen, gesellschaftliche Verpflichtungen wahrnehmen, vielfältige Kontakte zu Institutionen und Gemeindemitgliedern pflegen, Gremien koordinieren, zwischen den Eigenheiten der Gemeinden und ihren und vielen anderen Ansprüchen nicht zerrissen werden – und bei alledem Menschen, möglichst sogar geistliche Menschen bleiben können! Sie sind schon überfordert, die Erwartungen der so genannten Kerngemeinden wie bisher zu erfüllen; woher sollen sie Zeit und Kraft nehmen, auf eine sich verändernde pastorale Situation bei der Taufe (und nicht nur bei der Taufe!) einzugehen und kreativ neue Ansätze zu entwickeln? Bringt die Beschäftigung mit der Sinus-Studie eine zusätzliche Belastung? Sie kann auch eine Hilfe sein, um den Menschen besser gerecht zu werden.

Taufvorbereitung mit Ehrenamtlichen der Gemeinde

Zu einer Polarisierung zwischen fordernden Eltern und überforderten Priestern kann es gerade dann kommen, wenn die Gemeinde, der beide Seiten angehören, aus dem Blick gerät. Die Spannung wird aufgelöst, wenn Ehrenamtliche aus der Gemeinde an der Taufpastoral beteiligt sind.

Der Verfasser dieses Werkbuches war selbst 28 Jahre Pfarrer in drei sehr unterschiedlichen Gemeinden am Aachener Stadtrand: eine befand sich in einem Arbeiterviertel mit hohem Ausländeranteil; die zweite war früher eine selbständige Gemeinde mit gewachsener Sozialstruktur (z. B. reges Vereinsleben, zahlreiche Eigenheimsiedlungen); die dritte war ein früher selbständiges Dorf am Stadtrand, in dem in den letzten Jahrzehnten Baugebiete mit z. T. wohlhabender Bevölkerung entstanden. In diesen drei Gemeinden fanden bis zu 100 Taufen pro Jahr statt. Dabei wurden gute Erfahrungen mit der im Folgenden beschriebenen Taufpraxis gemacht.

Junge Mütter, die bereits ein- oder mehrmals eine Taufe feierten, werden zur Mitarbeit eingeladen. Überraschend viele sind zur Mitarbeit bereit! In der Zeit, in der sie nicht berufstätig sind, übernehmen sie offensichtlich gern eine schöne Aufgabe außerhalb der Familie, etwa zwei oder drei mal im Jahr. Die künftigen Mitarbeiterinnen werden an fünf Abenden vorbereitet. Dabei geht es um ihre Rolle, um die Bedeutung der Taufe, die Struktur der Tauffeier, Hilfen zur Gesprächsführung, Themen für die Abende mit den Eltern und praktische Fragen. Sie erhalten nützliche Materialien, z. B. alte Taufhefte, ein Werkbuch zur Taufe und Liederhefte. Der Taufvorbereitungskreis trifft sich halbjährlich zum Austausch von Erfahrungen und Fragen und zur Planung.

Eine Tauffeier wird meist von zwei Mitarbeiterinnen gemeinsam vorbereitet. Eine von ihnen kann gemeinsam mit dem Priester oder Diakon den Taufbesuch machen. Nach den Taufbesuchen laden die beiden Mitarbeiterinnen die Tauffamilien zu zwei oder drei Taufvorbereitungstreffen ein. Die Mitarbeiterinnen oder Eltern sprechen nach den Vorbereitungstreffen mit dem Taufspender ab, wie die Feier geplant ist.

Die Mitarbeit von Ehrenamtlichen wird mit anderen Worten schon in der »Ordnung der Kindertaufe« bzw. der »Praenotanda generalia« empfohlen: »Es ist von großer Bedeutung, dass schon bei der Vorbereitung der Taufe Katechisten und andere Laien den Priestern und Diakonen Hilfe leisten.« (Allgemeine Vorbemerkungen Nr. 7) Hoffentlich sieht man es bald so, dass Priester und Diakone den Gemeinden bei der Vorbereitung der Taufe helfen!

Jedenfalls können die Ehrenamtlichen eine Brücke schlagen zwischen den Erwartungen der Eltern und dem Priester oder Diakon. Sie sind nah an der Lebenssituation der Eltern; durch ihre Mitarbeit übernimmt die Gemeinde selbst Verantwortung für ihre Glaubensvollzüge und wird von Hauptamtlichen unterstützt. Die Erwartungen der Eltern richten sich nicht mehr nur an den Priester oder Diakon. Die Gestaltung der Tauffeier wird vielmehr zum gemeinsamen Projekt. Es ist großartig, welch kreative Ideen bei einer solchen gemeinsamen Vorbereitung durch Ehrenamtliche und Tauffamilien geäußert werden! Zugleich ist diese Zusammenarbeit für die Priester nach der Einarbeitung eine große zeitliche Entlastung.

Die Zusammenarbeit von Taufspendern und Ehrenamtlichen gelingt jedoch nur, wenn die Taufspender den Ehrenamtlichen große Wertschätzung und Vertrauen entgegenbringen. Es geht um Partnerschaft und gemeinsame Verantwortung, nicht um Hilfsdienste, die kritisiert werden, wenn etwas nicht wie gewünscht abläuft.

Darüber hinaus kann die Gemeinde dadurch ein wenig beteiligt werden, dass etwa im Sonntagsgottesdienst in den Fürbitten der Täuflinge gedacht wird. Wenn die Eltern davon wissen, könnte dies ein Zeichen dafür sein, dass die Gemeinde sich freut, dass Kinder getauft werden, und dass diese Kinder ihr wichtig sind.

Hinweise zur Taufpraxis

Der Rahmen für Tauffeiern

Bei der Zusammenarbeit von vielen Personen und Gemeinden sind klare Rahmenbedingungen wichtig, die sich an allgemeinen kirchlichen Vorgaben ausrichten und von Pfarrgemeinderäten, Ehren- und Hauptamtlichen in der Taufpastoral konkretisiert und in gewissen Zeitabständen überprüft werden. Dieser Rahmen soll in den Gemeinden etwa durch den Pfarrbrief allgemein bekannt sein. Zu einem solchen Rahmen können etwa folgende Regelungen gehören: Die Tauffeiern finden in einer Pfarrkirche statt, in der Regel am Sonntagnachmittag. Die Uhrzeit vereinbaren die Eltern. Außerdem wird zur Taufe in der Osternacht und in der (Familien-)Christmette eingeladen. Einmal im Jahr sind Taufen in einer Familienmesse. Eine besondere Tauffeier kann für Kommunionkinder, die noch nicht getauft waren, vorgesehen werden. Diese Taufen werden natürlich anders vorbereitet und gestaltet. –

In jeder Gemeinde werden halbjährlich Tauftermine im Pfarrbrief bekannt gegeben. Pro Termin sollen möglichst nicht mehr als vier Tauffamilien teilnehmen, weil die Vorbereitung sonst komplizierter und die Feier länger wird, wenn alle beteiligt sind. Die Tauffeiern sollen keine anonyme Massenabfertigung sein! Interessierte Familien werden evtl. auf den nächsten Termin oder eine Nachbargemeinde verwiesen; notfalls können zwei Tauffeiern an einem Nachmittag stattfinden, wenn ein bestimmter Termin sehr gefragt ist. Einzeltaufen gibt es nur, wenn sich zu einem Tauftermin nur eine Familie angemeldet hat, nicht, weil man die Taufe nur für die eigene Familie will. Diese Regelung wird natürlich gegebenenfalls in einem Gespräch begründet.

Jede Taufe wird festlich gestaltet – also trotz Sparzwängen mit (Orgel-)Musik, Glocken, Blumen- und Kerzenschmuck. Dieser Rahmen macht die Wertschätzung der Taufe und der Tauffamilien erfahrbar.

Die Taufanmeldung

Die Anmeldung zur Taufe geschieht meist im Pfarrbüro. Es ist wichtig, dass schon die Mitarbeiterin oder der Mitarbeiter im Büro die Eltern spüren lässt, dass sie willkommen sind. Ein kleiner Brief, der beim ersten Kontakt überreicht wird, kann diese Freude ausdrücken und wichtige Informationen enthalten, etwa wann in dieser bzw. in Nachbargemeinden Tauffeiern sind, dass ein Taufbesuch folgt und wie die Taufe vorbereitet wird. Ausdrücklich wird darauf hingewiesen, dass die Zusage zur Taufe erst beim Taufbesuch erfolgt. Anmeldeschluss ist jeweils vier Wochen vor dem Tauftermin, damit Taufbesuche und Vorbereitungstreffen ohne Stress stattfinden können.

Taufbesuch und Taufgespräch

Zum Taufgespräch gehen der Taufspender und eine Ehrenamtliche in die Wohnung der Familien: Dann brauchen die Eltern keine Kinderbetreuung zu organisieren und fühlen sich sicherer (Heimvorteil). Zugleich erhält man einen kleinen Einblick in die Lebensverhältnisse der Tauffamilien. Der Termin wird so gewählt, dass der Vater am Gespräch teilnehmen kann; es ist schön, wenn auch die Paten dabei sind, oft ist das jedoch nicht machbar. Bei der Vorstellung der Ehrenamtlichen wird sofort darauf hingewiesen, dass sie mit den Tauffamilien gemeinsam die Tauffeier vorbereitet.

Das Taufgespräch dauert meist etwa zwei Stunden. Natürlich ist jedes Taufgespräch anders, wenn man auf die Lebens- und Glaubenssituation der Eltern eingeht, aber folgende Struktur ist hilfreich:

Zunächst erkundigt man sich nach dem Kind und der Gesundheit der Mutter, nach Schwangerschaft und Geburt. Viele junge Eltern erzählen gern davon. Für manche ist ihr Kind ein Wunder. In diesem Teil des Gesprächs kann eine angenehme persönliche Atmosphäre entstehen. Dabei kommt manchmal schon die Taufmotivation zu Sprache. Sonst fragt man nach angemessener Zeit, warum die Eltern ihr Kind taufen lassen wollen. Die Äußerungen der Eltern werden nicht gewertet; sie können zur Bedeutung der Taufe überleiten. Oft sagen Eltern, dass sie diese Frage erwartet haben.

Daran schließt sich der Gedanke an, dass es mit der Taufe allein nicht getan ist. Die Taufe ist ein wichtiger Schritt im Prozess christlicher Erziehung. Ohnehin ist die Geburt des ersten Kindes für viele Eltern ein Anlass, über ihre eigene Erziehung nachzudenken und zu überlegen, was man davon aufgreifen oder anders machen will.

Für mich ist die christliche Erziehung ein Schwerpunkt des Taufgesprächs. Dabei spreche ich mit den Eltern über Grundelemente christlichen Glaubens. Der kurze Zeitrahmen zwingt mich, darüber nachzudenken, welche Elemente christlichen Glaubens ich anspreche. In den Bruchstücken des Gesprächs soll das Ganze des Glaubens durchschimmern. Es soll gleichsam sein wie mit einem Samenkorn, in dem bereits der ganze Baum steckt.

Ich versuche, deutlich zu machen, dass Erziehung gerade in den ersten Lebensjahren dadurch geschieht, dass die Eltern vorleben und mitleben lassen. Im Zusammenleben mit den Eltern sollen die Kinder wichtige Grunderfahrungen machen, die es ihnen später erleichtern, selbst als Christen zu leben.

Solche christlichen *Grunderfahrungen* sind für mich:

◈ Unbedingte Annahme:
Christliche Eltern nehmen ihr Kind als Kind und als Jugendlichen so an, wie es ist, so einmalig, ganz gleich, ob es z. B. ein Junge ist oder ein Mädchen, gesund oder krank, ruhig oder lebhaft, eine gute Schülerin oder ein schwacher Schüler. Selbst Jugendliche, die rebellieren oder Fehler machen, bleiben Kinder ihrer Eltern! Wir glauben ja, dass Gott jeden Menschen so annimmt, wie er ist. Bei Jesu Taufe sagte Gott zu ihm: Du bist mein Sohn, den ich liebe. Das wird jedem Kind in der Taufe gesagt – und das soll es im Alltag durch seine Eltern erfahren. – Dazu gehört z.B. auch, dass das Kind durch die Eltern dem Alter und der Eigenart angemessen unaufdringlich Nähe, Zärtlichkeit und Bestätigung erfährt und dass die Eltern Zeit für ihr Kind haben, besonders zum Spielen und Reden, dass sie seine Privatsphäre und Freiheit achten und ihm vertrauen. Unser Glaube sagt ja: Gott achtet unsere Freiheit!

◈ Dass ein Kind den Eltern glauben kann:
Wenn es den Eltern nicht glauben kann, wie könnte es Gott glauben? Gerade auch der Vater prägt das Gottesbild der Kinder.

◈ Dass Eltern ihrem Kind Ehrfurcht vor der Schöpfung und vor dem Leben vermitteln: Dazu gehören das Staunen, die Augen zu öffnen für die Schönheit und Vielfalt der Schöpfung, die Dankbarkeit. Wer die Schöpfung so erlebt, wird sie nicht zerstören. Dazu gehört erst recht die Achtung vor anderen Kindern, auch wenn sie kleiner oder anders sind oder z.B. eine andere Hautfarbe haben. Aus dieser Ehrfurcht wächst Gewaltlosigkeit. Kinder sollen auch erfahren, wo und wie die Schöpfung gefährdet ist; es geht nicht darum, eine heile Welt vorzuspielen!

◈ Dass Kinder im umfassenden Sinn teilen (Essen, Freude, Zeit) und dass sie verzichten lernen: Wir können nicht alles haben.

◈ Dass Kinder Vergebung erfahren:
Nur wenn Kinder zu Hause Vergebung erfahren, wenn sie etwas falsch gemacht haben, nur dann können sie glauben, dass Gott vergibt und Neuanfänge schenkt. Da Kinder sich gerade in den ersten Jahren ihr Verhalten von den Eltern abgucken, ist es wichtig, dass Eltern sich bei den Kindern entschuldigen und dass Kinder nicht nur

den Streit der Eltern erleben (das ist unvermeidlich), sondern auch, wie Eltern sich versöhnen. So erfahren sie: Es kann wieder gut werden (Hoffnung). Eltern sind nicht fehlerlos, sie sollten auch nicht so tun, als ob sie es wären; wichtig ist Wahrhaftigkeit!

◈ Dass Kinder widersprechen lernen:
Ein sinnvoller Widerspruch wird geachtet. Christen sagen nicht zu allem Ja und Amen, sondern versprechen im Taufbekenntnis, sich dem Bösen zu widersetzen. Die drei chinesischen Affen, die nichts hören, nichts sehen und nichts sagen, sind kein christliches Vorbild!
Solche Grunderfahrungen sind die Basis einer christlichen Erziehung.

Wenn die Kinder älter werden, können Eltern *von Jesus erzählen.* So bekommt der Glaube ein Gesicht. Die besondere Gelegenheit dazu ist bei Vorschulkindern, sie mit Erzählen, Vorlesen, Singen und Beten statt mit dem Fernsehen zu Bett zu bringen! – Nicht alle Geschichten der Bibel sind für Kinder verständlich; es gibt aber gute Kinderbibeln, Kindergebetbücher und Vorlesebücher. In manchen Kindergärten finden im Dezember Buchausstellungen statt, bei denen eine gute Auswahl von Kinderbibeln und Vorlesebüchern gezeigt wird. Zum Erzählen über den Glauben eignen sich auch besondere Gelegenheiten wie der Martinszug, die Krippe zu Hause oder in der Kirche, Feste oder Feiern im Kindergarten, z.B. Erntedank.

Wir glauben nicht allein, sondern mit andern. Es beginnt in der Familie, aber ein entwickelter Glaube reicht weiter. Kirche ist die Gemeinschaft vieler, die glauben und im Geist Jesu zu leben versuchen. Die Christen treffen sich im Gottesdienst. Die Kinder finden dazu leichter einen Zugang, wenn ihre *Eltern sie begleiten,* insbesondere zu Kleinkind-, Familien- und Gemeindegottesdiensten und bei der Erstkommunion. In allen Lebensbereichen macht es Kindern Freude, wenn die Eltern sich interessieren oder sie begleiten (Schule, Sport, Musik). –

Nach dem oft intensiven Gespräch über christliche Erziehung sprechen wir mit den Eltern beim Taufbesuch anhand einer Vorlage über den *Ablauf der Taufe.* Dabei ergeben sich konkrete Fragen. Außerdem wird schon auf die Möglichkeit hingewiesen, ein Symbol oder Thema zur Taufe zu wählen und die Feier und ein Taufheft entsprechend mitzugestalten.

Ein weiterer Schwerpunkt des Taufgesprächs kann das *Taufbekenntnis* sein. Je nach Interesse bieten wir den Eltern auch neuere Glaubensbekenntnisse an.

Die Vorbereitungstreffen von Eltern und Ehrenamtlichen

Die Ehrenamtlichen vereinbaren nach den Taufbesuchen mit den Eltern Ort und Zeit für zwei oder drei Vorbereitungstreffen.

Beim ersten Vorbereitungstreffen geht es zunächst darum, dass die beteiligten Familien sich kennen lernen, sich über ihre Motive und Erwartungen zur Taufe austauschen und sich auf ein Symbol oder Thema ihrer Feier einigen. Bis zum zweiten Treffen werden Ideen gesammelt; beim Treffen werden Bibel- und andere Texte und Lieder vereinbart. – An den meisten Tauffeiern nehmen Kinder im Kindergarten- und/oder Grundschulalter teil; daher wird überlegt, wie diese Kinder bei der Tauffeier beteiligt werden. Schließlich wird beim zweiten oder einem dritten Treffen über die Gestaltung eines evtl. Taufheftes gesprochen. Hefte zur Tauffeier mit dem Taufsymbol und den Namen, evtl. Bildern und Geburtsdaten der Täuflinge sind sehr beliebt. Im Heft können Lieder, Bibeltexte, Fürbitten und Vaterunser stehen; auf die letzte Seite wird oft ein literarischer Text gesetzt. Die Eltern klären: Wer macht am Computer einen Entwurf? Farbig? Wie erfolgt die Vervielfältigung? Wie viele Hefte braucht man? usw. Außerdem wird vereinbart, wer welche Materialien für die Feier besorgt. – Manchmal übernimmt eine Tauffamilie es, zur Taufe den Taufstein zu schmücken.

Die Familien werden nicht »gezwungen«, an den Vorbereitungstreffen teilzunehmen; sie müssen dann allerdings das übernehmen, was die anderen planen. Die Ehrenamtlichen informieren sie freundlich.

Wenn Täuflinge schon im Grundschulalter oder älter sind, werden sie selbstverständlich an der Vorbereitung beteiligt. Sie können wählen zwischen einer Tauffeier für »große« Täuflinge und der Teilnahme an einer Feier mit Säuglingen.

Dieses Werkbuch will Ehrenamtlichen, Hauptamtlichen und im Einzelfall auch Eltern Material zur Gestaltung der Tauffeiern und ausgearbeitete Wortgottesdienste anbieten. Die Ehrenamtlichen und Hauptamtlichen können einzelne Elemente nach dem Baukastenprinzip zusammenstellen.

Die Auswahl und Übersetzung der Bibeltexte
Zum thematischen Schwerpunkt der Tauffeiern werden meist mehrere Bibeltexte angeboten. Die Suche nach Stichworten über eine CD-ROM bietet oft eine Fülle, die geradezu erschlägt. Daher wurde eine Auswahl getroffen, die für Vorbereitungskreise überschaubar ist und doch Wahlmöglichkeiten bietet.

Manchmal werden eine Lesung und ein Evangelium angeboten.

In einzelnen Feiern lehnen sich Gespräch und/oder Predigt eng an einen bestimmten Bibeltext an. Diese Vorlagen sind besonders für Feiern geeignet, die nicht von einem Mitarbeiter(innen)kreis vorbereitet werden. –

Alle Bibeltexte sind der Einheitsübersetzung entnommen; dieser Text wurde manchmal mit Blick auf die Taufsituation gekürzt und im Einzelfall ein wenig an die Sprache von Kindern angepasst.

Für Tauffeiern mit einer Beteiligung von vielen Kindern kommt auch das Kinderlektionare in Frage. Allerdings stehen darin nur wenige der ausgewählten Bibelstellen. Außerdem sind der Satzbau und die Sprache in den Kinderlektionaren vielfach nicht genügend kindgerecht. Manchmal wird der Taufende biblische Geschichten für die Kinder eher erzählen als aus einem Lektionar vorlesen.

Auch in den Lektionaren zu Sonn- und Werktagen sowie zu Festen und Sakramenten steht nur ein Teil der unten vorgestellten Bibelstellen. Außerdem wurden für die Taufe in diesem Werkbuch oft andere Kürzungen vorgenommen als dort.

Es schien nicht sinnvoll, zwischen den verschiedenen Übersetzungen ständig zu wechseln, daher ist die Einheitsübersetzung die Grundlage. Wer beim Gottesdienst ein Lektionar benutzen will, kann nachschauen, ob und wo darin die gewählte Bibelstelle steht.

Die Auswahl der anderen Texte

Die literarischen Texte sind sehr verschieden: manchmal ist es nur ein Satz, manchmal eine kleine Geschichte; manche Texte sind anspruchsvoll, andere schlicht; manche liegen ganz auf der Linie von Evangelium und Predigt, andere öffnen eher neue Gedanken.

Dass so verschiedene Texte vorgestellt werden, hat damit zu tun, dass die Tauffamilien sehr verschieden sind und sich nach meiner Erfahrung von ganz unterschiedlichen Worten ansprechen lassen. Ein anspruchsvoller Text wirkt auf manche »künstlich«. Zwar gibt es eine Grenze, die ich aus theologischen oder sprachlichen Gründen nicht überschreiten möchte, aber ich bemühe mich um Weite und Großzügigkeit.

Die Taufe soll eine Feier auch der beteiligten Familien sein. Es ist wichtiger, dass Eltern von einer Tauffeier sagen: »Das ist unsere Feier!«, als dass die Feier »perfekt« im Stil des jeweiligen Sakramentenspenders ist. Daher freue ich mich, wenn Eltern Texte mitbringen, die sie selbst im Internet oder auf Glückwunschkarten gefunden haben, selbst wenn sie nicht auf der Linie der Tauffeier liegen. In der »Ordnung der Kindertaufe« bzw. der »Praenotanda generalia« heißt es ausdrücklich: »Es ist Aufgabe der Seelsorger, darum bemüht zu sein, dass jede Tauffeier … den Verhältnissen und Wünschen der beteiligten Familien möglichst weit entgegenkommt.« (Vorbemerkungen zur Kindertaufe Nr. 7)

Zusätzliche Informationen, Redensarten, Impulse

Die Informationen oder Redensarten, die manchmal noch beigefügt sind, sind ein Angebot an Vorbereitungskreise, das Taufsymbol in einem großen Zusammenhang zu sehen und zu staunen.

Lieder und ihre Melodien

Bewusst wird eine große Anzahl von sehr verschiedenen Liedern angeboten. Manche stammen aus dem Gotteslob und seinen diözesanen oder aktuellen Anhängen, andere sind z.B. als Neue Geistliche Lieder verbreitet. Noten werden nicht abgedruckt, denn nur wenige Menschen können vom Blatt singen. Man sollte Lieder wählen, deren Melodie in Gemeinde, Kindergarten, Schule oder im Familienkreis bekannt sind. Die Organistinnen und Organisten kennen viele Melodien; fast alle stehen auch im Internet.

Nummern aus dem »Gotteslob« wurden nicht angegeben, da eine Überarbeitung für eine Neuauflage in Arbeit ist. Auch Liederbücher werden nicht aufgeführt, denn es gibt eine sehr große Anzahl von Liederbüchern aus Verlagen und Jugendverbänden; auch viele Schulen und Gemeinden haben für ihren Gebrauch Liederbücher zusammengestellt. Die genannten Lieder sollen einfach den Effekt haben: Ach ja, dieses Lied würde hier gut passen!

Zur Feier des Sakraments

Zur Feier des Sakramentes werden mehrfach Taufbekenntnisse vorgeschlagen, die das Thema der Feier aufgreifen. Im Anschluss daran kann sich als Zeichen der Glaubensverbundenheit mit der ganzen Kirche in Vergangenheit und Gegenwart das apostolische Glaubensbekenntnis anschließen.

Da die Worte bei der Taufspendung ohnehin nicht variiert werden und der Taufspender bei der Salbung mit Chrisam, dem Auflegen des Taufkleides und dem Anzünden der Taufkerze gewiss nichts vom Blatt abliest, sondern die Handlungen mit seinen Worten begleitet, kann im Werkbuch auf Texte dazu verzichtet werden.

Erwachsenentaufe

Viele der in diesem Werkbuch thematisch zusammengestellten Bibelstellen und der anderen Texte und Lieder können auch eine Hilfe zur Vorbereitung der Taufe eines Erwachsenen sein. Darüber hinaus werden von Frau Maria Schmelzer Vorschläge speziell für eine Erwachsenentaufe zum Symbol »Salz: Ihr seid das Salz der Erde« gemacht.

Zur Tauffeier

Auf den festlichen Rahmen der Tauffeiern wurde bereits hingewiesen. Die ehrenamtlichen Mitarbeiterinnen nehmen an der von ihnen mitvorbereiteten Feier teil. In der Feier können sie Aufgaben übernehmen, z. B. die Begrüßung der Familien im Namen der Gemeinde, die Vorstellung der Familien, eine Aktion mit größeren Kindern während der Predigt o. Ä. Selbstverständlich werden Priester oder Diakon den Mitarbeiterinnen danken; vielfach tun dies auch die Tauffamilien entweder persönlich oder »öffentlich« nach der Feier, z. B. mit einem Blumenstrauß.

Die Begrüßung der Tauffamilien und ihrer Gäste ist wie eine Ouvertüre, in der das Thema der Feier schon anklingt.

Zur *Vorstellung der Tauffamilien* wird empfohlen, dass die Eltern mit den Täuflingen, evtl. auch Geschwistern und Paten nach vorn kommen und sich mit eigenen Worten vorstellen. Dabei sagen sie ihren Namen und den des Kindes, sie sagen, dass und/oder warum sie das Kind taufen lassen und christlich erziehen möchten. Dieses Glaubensbekenntnis vor der Familie und den Gästen ist von großem pastoralen Wert! Es kommt nicht auf eine perfekte Rede an. Aber meist ist es das erste Mal, dass die Eltern sich als Erwachsene öffentlich über ihren Glauben äußern. Anschließend bezeichnen Eltern, Paten und Taufspender die Täuflinge mit einem Kreuz auf der Stirn.

Die Eröffnung schließt mit einem *Gebet*. Manche Eltern sprechen gern gemeinsam das Gebet aus dem Gotteslob für ihre Kinder (z. Zt. GL 25,2).

Nach ein oder zwei biblischen *Lesungen* folgt ein *Gespräch mit Kindern*, sofern einige Kinder etwa im Grundschulalter teilnehmen, sonst eine *Predigt*. Je nach Situation werden Gespräch und Predigt »gemischt«, indem z. B. nach dem Gespräch mit den Kindern noch einige Worte an die Eltern gerichtet werden oder man sich in der Predigt an einzelnen Stellen ausdrücklich an die Kinder wendet. Die Vorlagen in diesem Werkbuch wollen nur Anregungen sein; in keinem Fall sollten das ganze Gespräch und die Predigt in voller Länge genommen werden, weil es sonst einfach zu lang wird!

Im Zusammenhang mit den *Fürbitten* kann eine Aktion folgen, etwa die Gestaltung eines Plakates zum Symbol der Taufe oder die Bereitung des Taufwassers. Auf solche Möglichkeiten wird in den einzelnen Vorlagen dieses Buches hingewiesen.

Im Werkbuch stehen Beispiele von Fürbitten; es ist sehr sinnvoll, wenn Paten oder Eltern ihre Bitten oder Wünsche persönlich formulieren und evtl. auf einem Wassertropfen, einem Fuß aus Papier, einem Blatt für ein Buch o. Ä. mitbringen. Mit Rücksicht auf die Dauer sollten höchstens sechs bis acht Personen (Paten oder Eltern) ihre Fürbitte laut vortragen; alle anderen können ihre Bitte anschließend z. B. auf das Plakat heften.

Auch bei der Feier des Sakraments können größere Kinder vielfältig beteiligt werden. Ein Kind (älteres Geschwister) kann nach der Taufe das Köpfchen des Täuflings vorsichtig abtrocknen. – Nach der Taufe können alle größeren Kinder, die getauft sind, ihren Finger ins Taufwasser legen und zur eigenen Tauferneuerung ein Kreuzzeichen machen und dazu sprechen: »Im Namen des Vaters und des Sohnes und des Heiligen Geistes.«

Größere Kinder können ihre Taufkerze noch einmal mitbringen und bei der Taufe anzünden (Hinweis beim Taufbesuch!). Für Kinder, die keine Taufkerze mitgebracht haben, hält man kleine (Oster-) Kerzen bereit. Diese Kerzen können beim Taufbekenntnis angezündet werden. Damit ist jedoch eine Brandgefahr verbunden, insbesondere wenn sich in einer engen Taufkapelle bei den Taufen alle Blicke auf das Taufgeschehen richten. Wenn die Taufgemeinde nach der Taufe zum Altar geht, ist es sicherer, die Kerzen der anderen Kinder erst am Altar an den Taufkerzen der Täuflinge anzuzünden.

Zum Vaterunser kann man um den Altar einen Kreis bilden, bei dem alle sich die Hände reichen und so zeigen, dass sie eine Gemeinschaft von Schwestern und Brüdern in Christus sind.

Zum Segen können die Kinder ihre rechte Hand ausstrecken.

Die Weiterführung der Taufe in Kinder- und Familienpastoral

Natürlich soll mit der Tauffeier nicht alles vorbei sein, womöglich bis zur Erstkommunion! In manchen Gemeinden gibt es Krabbelgruppen, in denen meist junge Mütter sich treffen und austauschen. Die Organisation und Verantwortung kann zumindest anfangs bei einer Familienbildungsstätte, Ehrenamtlichen der Gemeinde oder Gemeindereferent(inn)en liegen. Sie können anregen, gelegentlich eine Fachfrau oder einen Fachmann einzuladen, die einen Vortrag und/oder ein Gespräch über Fragen der Erziehung allgemein oder der religiösen Erziehung im Besonderen anbieten.

Wenn eine Gemeinde Trägerin eines Kindergartens ist, kann diese Arbeit mit dem Kindergartenteam fortgeführt werden. Dabei ist darauf zu achten, dass zu solchen Gesprächsabenden nicht nur die Eltern des eigenen kirchlichen Kindergartens, sondern alle Eltern der Gemeinde eingeladen werden!

Weitere Stationen können sich je nach örtlichen Gegebenheiten durch die Grundschule und Gottesdienste mit der Schule, durch Familiengottesdienste und dann vor allem durch die Erstkommunion ergeben.

Taufe – ein reich fließender Quell

Der französische Schriftsteller Saint-Exupéry erzählt von drei Mauretaniern, die bei einem Besuch in Frankreich an einen kräftigen Wasserfall geführt wurden und das Wasser kosteten. Es war süßes Wasser:

> Wasser! Wie viele Tagesmärsche braucht man in der Wüste, um den nächsten Brunnen zu erreichen. Wie viele Stunden lang muss man dann den Sand herausschippen, der ihn überweht hatte, um zu einer schlammigen Masse mit einer deutlichen Beimischung von Kamelharn zu gelangen. [...]
> Dieses Wasser nun, von dem in ihrer Heimat in zehn Jahren kein Tropfen gefallen war, das kam dort dumpf rauschend geschossen,

als drohten die Wasservorräte der ganzen Welt aus einem lecken Speicher auszulaufen.

Der Führer sagte: »Gehen wir weiter!« Sie aber rührten sich nicht vom Fleck und baten nur: »Noch einen Augenblick!«

Weiter sprach keiner ein Wort. Stumm und ernst schauten sie dem Ablauf dieses erhebenden Schauspiels zu. Hier lief aus dem Bauch des Bergs das Leben selbst, der heilige Lebensstoff. Der Ertrag einer Sekunde hätte ganze verschmachtende Karawanen zum Leben erweckt, die ohne ihn auf Nimmerwiedersehen in der unendlichen Weite der Salzseen und Luftspiegelungen dahingegangen waren. Hier zeigte sich Gott sichtbar. Unmöglich, einfach gleich weiterzugehen. Gott hatte die Schleusen seiner Macht geöffnet. Ehrfurchtsvoll, regungslos standen die drei vor dem Wunder.

»Weiter ist hier nichts zu sehen. Kommt!«, drängte der Führer.

»Wir müssen warten!«

»Worauf denn?«

»Bis es aufhört.«

Sie wollten die Stunde erwarten, in der Gott seine Verschwendung Leid tat! Denn Gott ist geizig, er bereut schnell.

»Aber dieses Wasser läuft seit tausend Jahren!«

Antoine de Saint-Exupéry

Das Wasser der Taufe fließt seit fast 2000 Jahren. Wir Christen glauben, dass dieser heilige Lebensstoff die Menschen in den Wüsten des Lebens vor dem Verdursten bewahrt. Wir dürfen glauben, dass Gott nicht geizig ist, dass ihm die Verschwendung nicht Leid tut, sondern dass er will, dass alle Menschen das Leben in Fülle haben. In der Taufe wird es den Täuflingen im Zeichen des Wassers zugesagt.

Dank

Zahlreiche Anregungen zur Gestaltung von Tauffeiern verdanke ich Tauffamilien und den Taufvorbereitungskreisen der Pastoralgemeinschaft Aachen-Nord.

Die Anregungen für die Taufe eines oder einer Erwachsenen sowie einen ersten Entwurf der Tauffeier unter Beteiligung von Kindern im Grundschulalter hat Frau Maria Schmelzer verfasst.

Frau Marlies Buchmann und Herr Conrad Siegers ergänzten die Liedauswahl. Einige Textvorschläge fand ich in Manuskripten von Frau Marita Ess und P. Josef Timmermann.

Ihnen allen herzlichen Dank!

ALLGEMEINE TEXTE

Noch nie
Noch nie
habe ich einen Augenblick sehnlicher erwartet.
Noch nie
habe ich einen Augenblick schmerzlicher erlitten.
Noch nie
habe ich einen Augenblick befreiter erlebt.
Noch nie
habe ich einen Augenblick tiefer geliebt.
Noch nie
habe ich einen Augenblick herzlicher geschenkt.
Noch nie
habe ich einen Augenblick ehrlicher gedankt.
In diesem Augenblick bist du geboren.
BIRGITT UND WERNER KNUBBEN

Geboren
Ich bin da.
Ich habe es geschafft.
Es war schwer,
und ich hatte Angst.
Aus der wohligen Wärme
kam ich in die Kälte,
aus dem geborgenen Dämmern
in ein helles Licht.
Nun hänge ich zwischen Himmel und Erde
und ringe nach Luft.
Nichts anderes kann ich als schreien.
Ich schreie – und atme endlich.
Ich bewege Arme und Beine;
auf einmal habe ich Platz, viel Platz.
Ich kann mich nirgends festhalten,

nichts umgibt mich.
Ich bin ganz allein.
Nichts anderes kann ich als schreien.
Da umfasst mich etwas,
warm und leicht,
und streichelt mich wieder
und wiegt mich wieder,
und ich höre eine Stimme,
die ich schon seit langem kenne.
Da bin ich ganz still,
und ich weiß:
jetzt ist alles wieder gut.
THEA BELLM

Vergiss es nie

Vergiss es nie: Dass du lebst, war keine eigene Idee,
und dass du atmest, kein Entschluss von dir.
Vergiss es nie: Dass du lebst, war eines anderen Idee,
und dass du atmest, sein Geschenk an dich.
Vergiss es nie: Niemand denkt und fühlt und handelt so wie du,
und niemand lächelt so, wie du's grad tust.
Vergiss es nie: Niemand sieht den Himmel ganz genau wie du,
und niemand hat je, was du weißt, gewusst.
Vergiss es nie: Dein Gesicht hat niemand sonst auf dieser Welt,
und solche Augen hast alleine du.
Vergiss es nie: Du bist reich, egal ob mit, ob ohne Geld,
denn du kannst leben! Niemand lebt wie du.
Du bist gewollt, kein Kind des Zufalls, keine Laune der Natur,
ganz egal, ob du dein Lebenslied in Moll singst oder Dur.
Du bist ein Gedanke Gottes –
Ein genialer noch dazu.
DU BIST DU.
JÜRGEN WERTH

Kleiner Mensch, du großes Wunder,
wir wissen vieles von dir,
aber du bleibst ein Geheimnis.
Kein anderes Kind ist genauso wie du.
Dich gibt es nur ein einziges Mal auf der Welt.
Kleiner Mensch, du großes Geschenk,
du gehörst zu uns, aber du gehörst uns nicht.
Dir gehört unser Herz.
Dir gehört alles von uns, solange du es brauchst.
Kleiner Mensch, du große Hoffnung,
du gehörst dir selber und der heiligen Schöpferin Liebe,
auch wenn du es jetzt (selbst) noch nicht weißt.
Wir bitten um Mut und Geduld.
Wir bitten um Vertrauen und Kraft.
Wir bitten um Güte und Weisheit: damit du dich annimmst,
damit dir Freude und Segen gehören,
damit du die zarte und mächtige Stimme der Liebe hörst
und ihr angehörst freiwillig.
CHRISTA PEIKERT-FLASPÖHLER

Aus unserm Lieben und unserm Versagen genommen,
in unser Lieben und unser Versagen gekommen,
wachsen sie in das Leben, das wir bestimmen, hinein:
geborgen und auch entsetzlich allein.
Sie blicken uns an ohne Schuld, ohne Schutz, noch ganz offen;
Und wir müssten, davon getroffen,
uns ganz in Liebe verwandeln.
Unbegreiflich – wir handeln
Oft nach dunklen unbefragten Gesetzen,
die verbiegen und verletzen.

Kinder, unvergleichbare göttliche Gaben,
die wir nicht zu Eigen haben.
In das Haus unsres Herzens gegeben,
um geliebt und liebend zu leben.
Christa Peikert-Flaspöhler

✳ ✳ ✳

Den Seifenblasen nachträumen.
Die Welt auf den Kopf stellen.
Sich selbst nicht ernst nehmen.
Den geplatzten Träumen neue nachschicken.
Der verdrehten Welt die besten Seiten abgewinnen.
Werden wie die Kinder.
(Quelle unbekannt)

✳ ✳ ✳

Mensch,
du bist nicht gemacht
für Industrie und Produktion,
für Konto und Konsum.
Du bist gemacht, um Mensch zu sein.
Du bist geschaffen für das Licht,
für die Freude, um zu lachen und zu singen,
um zu leben in Liebe
und da zu sein für das Glück der Menschen um dich herum.
Du bist geschaffen nach dem Bild eines Gottes,
der Liebe ist.
Mit Händen, um zu geben,
mit einem Herzen, um zu lieben
und mit zwei Armen – die sind gerade so lang,
einen andern zu umarmen.
(Quelle unbekannt)

Von den Kindern
Und eine Frau, die einen Säugling an der Brust hielt, sagte:
Sprich uns von den Kindern.
Und er sagte:
Eure Kinder sind nicht eure Kinder.
Sie sind die Söhne und Töchter der Sehnsucht des Lebens
nach sich selber.
Sie kommen durch euch, aber nicht von euch.
Und obwohl sie mit euch sind, gehören sie euch doch nicht.
Ihr dürft ihnen eure Liebe geben, aber nicht eure Gedanken.
Ihr dürft ihren Körpern ein Haus geben, aber nicht ihren Seelen.
Denn ihre Seelen wohnen im Haus von morgen,
das ihr nicht besuchen könnt, nicht einmal in euren Träumen.
Ihr dürft euch bemühen, wie sie zu sein,
aber versucht nicht, sie euch ähnlich zu machen.
Denn das Leben läuft nicht rückwärts, noch verweilt es im Gestern.
KHALIL GIBRAN

Ich liebe nur, was Träume hat
Wir wollen allen Kindern den Erdball schenken,
dass sie damit spielen können
wie mit einem bunten Luftballon,
spielen und singen unter den Sternen.
Lasst uns allen Kindern den Erdball schenken
wie einen runden Apfel
oder ein warmes Brot,
dass sie satt werden können.
Den ganzen Erdball sollen sie haben,
dass sie kennen lernen,
was Freundschaft,
Frieden und Gerechtigkeit ist.
Später werden die Kinder uns das Land
ohnehin aus den Händen nehmen,
um unsterbliche Bäume
darauf zu pflanzen.
NAZIM HIKMET

Dein Weg beginnt
Liebes Kind, dein Weg beginnt.
Jetzt bist du noch klein.
Vor dir liegt die große Welt,
und die Welt ist dein. –
Bunte Blumen, roter Ball,
Sonne, Wolkenflug,
Lieben, Lachen, Flötenspiel,
Arbeit, Brot genug. –
Blätterfallen, Schmerz, Verzicht,
Angst und Einsamkeit,
Abschied nehmen, Schweigen, Nacht,
gute, böse Zeit. –
Geh den Weg und nimm es an,
was dir Gott bemisst,
weil in allem, was geschieht,
er dir nahe ist.
MARTIN GOTTHARD SCHNEIDER

erstes lied
die sonne lege ich
auf dein gesicht
mein kind
am morgen

am abend
die sterne und den mond
und dazwischen
mein lächeln

ich weiß
dass sie dich
nicht bewahren
vor stimmen
die verletzen

aber meine liebe
soll das erste lied sein
das du hörst
mein kind
WILHELM BRUNERS

✳ ✳ ✳

Unsere tiefste Angst ist nicht, dass wir der Sache nicht
gewachsen sind.
Es ist unser Licht, das wir fürchten, nicht unsere Dunkelheit.
Wir fragen uns: »Wer bin ich denn eigentlich, dass ich leuchtend,
hinreißend, begnadet und fantastisch sein darf?«
Wer bist du denn, dass du das nicht sein darfst?
Du bist ein Kind Gottes.
Wenn du dich klein machst, dient das nicht der Welt.
Es hat nichts mit Erleuchtung zu tun, wenn du dich einkringelst,
damit andere um dich herum sich nicht verunsichert fühlen.
Du wurdest geboren,
um die Ehre Gottes zu verwirklichen, die in uns ist.
Sie ist nicht nur in einigen von uns – sie ist in jedem Menschen.
Und wenn wir unser Licht erstrahlen lassen,
geben wir unbewusst den andern Menschen die Erlaubnis,
dasselbe zu tun.
Wenn wir uns von unserer Angst befreit haben,
wird unsere Gegenwart ohne unser Zutun andere befreien.
NELSON MANDELA (NACH MARIANNE WILLIAMSON)

Was ich mir (oder dir) wünsche
Die Unermüdlichkeit der Drossel,
da es dunkelt, den Gesang zu erneuern.
Den Mut des Grases,
nach so vielen Wintern zu grünen.
Die Geduld der Spinne,
die ihrer Netze Zerstörung nicht zählt.

Die Kraft im Nacken des Kleibers.
Das unveränderliche Wort der Krähen.
Das Schweigen der Fische gestern.
Den Fleiß der Holzwespen,
die Leichtigkeit ihrer Waben.
Die Unbestechlichkeit des Spiegels.
Die Wachheit der Uhr.
Den Schlaf der Larve im Acker.
Die Lust des Salamanders am Feuer.
Die Härte des Eises, das der Kälte trotzt,
doch schmilzt im Märzlicht der Liebe.
Die Glut des Holzes,
wenn es verbrennt.
Die Armut des Winds.
Die Reinheit der Asche,
die bleibt.
RUDOLF OTTO WIEMER

Taufe ist ein Bild für den Weg, den Jesus gegangen ist.
Er ging in den Tod und aus dem Tod ins Leben.
Das Wasser bedeutet den Tod.
Wer aus dem Wasser gerettet wird, der lebt.
An der Taufe erfahren wir, dass wir von Gott nicht geschaffen sind,
um zu sterben, sondern um zu leben.
Weil wir getauft sind, sagen wir zu Gott:
»Lieber Vater« und leben als freie Menschen,
als seine mündigen Kinder.
JÖRG ZINK

Taufsymbole als Hoffnungszeichen

Gegen die Anonymität: der Name als Ausdruck unseres
Urwunsches nach Anerkennung und Ansehen.
Gegen die Mitweltverschmutzung: das Wasser als schöpferische
Gabe, das den Geschenkcharakter unseres Lebens symbolisiert.
Gegen die Verdrängung von Trauer und Leid: das Kreuz als sympa-
thische Kraft der Solidarität.
Gegen die Fremdenfeindlichkeit: die Taufe als Freundschaft
Gottes, die Menschen aller Kulturen verbindet.
Gegen die Orientierungslosigkeit: das Licht der Verheißung, auch
in dunklen Stunden das Aufbrechen eines neuen Morgens zu
erfahren.
Gegen die Vereinsamung: die Handauflegung und der Chrisam als
heilende Berührung, die für eine Welt der Zärtlichkeit steht.
Gegen die Resignation und Ohnmacht: das Taufkleid als Ausdruck, dass wir uns immer neu verändern können.
Für die Offenheit allen Menschen gegenüber: die Taufe als Weg-
begleitung durch Patin und Pate und als Zusage der Gemeinschaft.
(Quelle unbekannt)

Mit allen Wassern gewaschen
wir möchten nicht
dass unser kind mit allen wassern gewaschen wird
wir möchten
dass es mit dem wasser der gerechtigkeit
mit dem wasser der barmherzigkeit
mit dem wasser der liebe und des friedens
reingewaschen wird

wir möchten
dass unser kind
mit dem wasser des christlichen geistes
gewaschen
übergossen
beeinflusst
getauft wird
wir möchten selbst das klare lebendige wasser
für unser kind werden und sein
jeden tag
wir möchten auch dass seine paten
klares kostbares lebendiges wasser
für unser kind werden.

wir hoffen und glauben
dass auch unsere gemeinde in der wir leben
und dass die kirche zu der wir gehören
für unser kind das klare kostbare
lebendige wasser
der gerechtigkeit
der barmherzigkeit
der liebe und des friedens ist
wir möchten
und hoffen
dass unser kind
das klima des evangeliums findet
wir möchten nicht

dass unser kind mit allen wassern
gewaschen wird

deshalb
in diesem bewusstsein
in dieser hoffnung
in diesem glauben
tragen wir unser kind
zur kirche
um es der kirche
der gemeinde zu sagen
was wir erwarten
für unser kind
was wir hoffen
für unser kind
wir erwarten viel
wir hoffen viel
WILHELM WILLMS

* * *

Gott, wir staunen,
wie sich im kleinen Kind
deine Schöpfung zeigt.
Wie es langsam wächst,
schauen, hören, gehen lernt.
Da wird etwas von deiner Kraft sichtbar.
Wir freuen uns, dass es das Geschenk
des kleinen Kindes immer wieder gibt.
Mit der Taufe sagen wir:
alles ist Gnade, alles ist Geschenk,
dieses Kind und unsere Freude.
Als Jesus getauft wurde,
da heißt es, ging der Himmel auf,
und eine Stimme war zu hören:
Dies ist mein geliebter Sohn.

Das wünschen wir bei der Taufe dem Kind:
einen offenen Himmel,
einen Gott, der sagt:
Für dieses Kind bin ich da.
JOSEF OSTERWALDER

VORSCHLAG FÜR EINE TAUFWASSERSEGNUNG
WENN EINE ANZAHL KINDER ANWESEND IST

Einleitung:
N. wird mit Wasser getauft. Das ist ein Zeichen. Ohne Wasser gibt
es kein Leben auf dieser Welt. Pflanzen vertrocknen, Menschen und
Tiere verdursten ohne Wasser – und ohne das Wasser der Reinigung
würden wir uns nicht wohlfühlen in unserem Körper, in unserer
Wohnung. Wasser schenkt Leben, Wasser reinigt und erfrischt. So
soll auch die Wirkung des Taufwassers sein.

Gebet:
Gott, du hast N. und uns allen das Leben auf dieser Erde geschenkt.
Wir danken dir. Du willst N. ein neues Leben schenken, das nie
endet. Mach das frische Wasser der Taufe zum Zeichen dieses neu-
en Lebens!

Du hast dein Volk Israel durch die Fluten des Roten Meeres in die
Freiheit geführt. Befreie N. von aller Angst und allem, was sie/ihn
unnötig einschränkt und belastet.

Dein Sohn Jesus wurde zu Beginn seines Wirkens von Johannes
im Jordan getauft. Da öffnete sich der Himmel, und er hörte die
Worte: Du bist mein Sohn, den ich liebe. Öffne den Himmel auch
für N. und schenke ihm/ihr deine Liebe!

Beim Abschied gab Jesus seinen Jüngern den Auftrag, die Menschen in aller Welt zu lehren und zu taufen. Dieses Auftrag erfüllen
wir jetzt.

Wir bitten dich: Segne dieses Wasser! Es empfange die Kraft des
Heiligen Geistes und werde ein Zeichen des grenzenlosen Lebens,
das du den Menschen schenken willst durch Christus, unsern Herrn.

Segen am Ende einer Tauffeier
Segne dieses Kind und hilf uns, ihm zu helfen,
dass es sehen lernt mit seinen eigenen Augen
das Gesicht seiner Mutter und die Farben der Blumen
und den Schnee auf den Bergen und das Land der Verheißung.

Segne dieses Kind und hilf uns, ihm zu helfen,
dass es hören lernt mit seinen eigenen Ohren
auf den Klang seines Namens, auf die Wahrheit der Weisen,
auf die Sprache der Liebe und das Wort der Verheißung.

Segne dieses Kind und hilf uns, ihm zu helfen,
dass es greifen lernt mit seinen eigenen Händen
nach der Hand seiner Freunde, nach Maschinen und Plänen,
nach dem Brot und den Trauben und dem Land der Verheißung.

Segne dieses Kind und hilf uns, ihm zu helfen,
dass es reden lernt mit seinen eigenen Lippen
von den Freuden und Sorgen, von den Fragen der Menschen,
von den Wundern der Liebe und dem Wort der Verheißung.

Segne dieses Kind und hilf uns, ihm zu helfen,
dass es gehen lernt mit seinen eigenen Füßen
auf den Straßen der Erde, auf den mühsamen Treppen,
auf den Wegen des Friedens in das Land der Verheißung.

Segne dieses Kind und hilf uns, ihm zu helfen,
dass es lieben lernt mit seinem ganzen Herzen.

LOTHAR ZENETTI

TAUFFEIERN ZU AUSGEWÄHLTEN THEMEN UND SYMBOLEN

Vorbemerkung

Atem ist Leben. In einer Schöpfungsgeschichte haucht Gott dem Menschen aus Lehm seinen Atem ein, und so wird der Mensch zu einem lebendigen Wesen. Mit Bezug darauf erzählt die Heilige Schrift oft, dass Gott den Menschen Atem und Leben gibt. Am Kreuz haucht Jesus sein Leben aus. Nach seiner Auferstehung haucht er die Jünger an zum Zeichen dafür, dass er ihnen seinen Geist, sein neues Leben schenkt. Früher hauchte der Priester das Osterwasser an. –

In dieser Tauffeier soll der Atem ein Zeichen sein für das neue Leben, das in der Taufe geschenkt wird.

Bibeltexte

Aus dem Buch der Schöpfung:

GEN 2,4b.7 (s.u., S. 47)

Aus dem Buch Ijob:

Solange noch Atem in mir ist und Gottes Hauch in meiner Nase, soll Unrecht nicht von meinen Lippen kommen, noch meine Zunge Falsches reden.

IJOB 27,3–4

Aus dem Buch der Psalmen:

Singt ihm ein neues Lied, greift voll in die Saiten und jubelt laut! Denn das Wort des Herrn ist wahrhaftig, all sein Tun ist verlässlich. Er liebt Gerechtigkeit und Recht, die Erde ist erfüllt von der Huld des Herrn.

Durch das Wort des Herrn wurden die Himmel geschaffen, ihr ganzes Heer durch den Hauch seines Mundes.

PS 33,3–6

Aus dem Buch der Psalmen:
Alle Wesen warten auf dich,
dass du ihnen Speise gibst zur rechten Zeit.
Gibst du ihnen, dann sammeln sie ein;
öffnest du deine Hand, werden sie satt an Gutem.
Verbirgst du dein Gesicht, sind sie verstört;
nimmst du ihnen den Atem, so schwinden sie hin
und kehren zurück zum Staub der Erde.
Sendest du deinen Geist aus, so werden sie alle erschaffen
und du erneuerst das Antlitz der Erde.
Ewig währe die Herrlichkeit des Herrn;
der Herr freue sich seiner Werke.
AUS PS 104,27–31

Aus dem Buch des Propheten Jesaja:
So spricht Gott, der Herr, der den Himmel erschaffen und
ausgespannt hat,
der die Erde gemacht hat und alles, was auf ihr wächst,
der den Menschen auf der Erde den Atem verleiht
und allen, die auf ihr leben, den Geist:
Ich, der Herr, habe dich aus Gerechtigkeit gerufen,
ich fasse dich an der Hand.
Ich habe dich geschaffen und dazu bestimmt,
der Bund für mein Volk und das Licht für die Völker zu sein.
JES 42,5–6

Aus dem Evangelium nach Johannes:
JOH 20,19.22 (s.u., S. 47)

Aus der Apostelgeschichte:
Paulus sprach in Athen:
Gott, der die Welt erschaffen hat und alles in ihr, er, der Herr über
Himmel und Erde, lässt sich nicht von Menschen bedienen, als
brauche er etwas: er, der allen das Leben, den Atem und alles gibt.
Er hat das Menschengeschlecht erschaffen, damit es die ganze
Erde bewohne. Sie sollten Gott suchen, ob sie ihn ertasten und
finden könnten; denn keinem von uns ist er fern.

Denn in ihm leben wir, bewegen wir uns und sind wir, wie auch
einige von euren Dichtern gesagt haben: Wir sind von seiner Art.
AUS APG 17,24–28

Vgl auch Apg 2: Der Heilige Geist ist wie ein frischer Wind

Andere Texte
Du bist der Atem und die Glut
Wir beten dich an, Heiliger Geist Gottes,
wir mutmaßen und raten nach bestem Vermögen,
wer du für uns seiest;
wir nennen dich mit menschlichen Namen und Worten,
damit wir nicht ganz zu schweigen brauchen.
Wir öffnen unser Herz für dich in Empfänglichkeit,
um zu verstehen, wie tief und unsichtbar du überall zugegen bist.
Du bist die Luft, die wir atmen, die Ferne, in die wir Ausschau halten;
der Bewegungsraum, der uns geschenkt ist.
Wir bitten dich:
Entzünde in uns die Freundschaft für alles Lebendige
und die Freude am Guten und Menschlichen.
Du bist der Atem und die Glut,
mit dem das Wort Gottes gesprochen wird,
der Wind, der das Evangelium trägt überallhin und zu allen.
HUUB OOSTERHUIS

Hierher, Atem, zünd mich an,
schick aus deiner fernsten Ferne
Wellen Lichts.
Nichts bin ich ohne dich,
tot will ich zu dir hin.
Und ich werde lachen.
HUUB OOSTERHUIS

Aus der Rede des Häuptlings Seattle

Die Luft ist kostbar, denn alle Lebewesen teilen denselben Atem. Der weiße Mann scheint die Luft, die er atmet, nicht zu bemerken, er ist abgestumpft gegen den Gestank. Ihr dürft nicht vergessen, dass uns die Luft kostbar ist. Der Wind gab unsern Vätern den ersten Atem und empfängt unsern letzten.

❄ ❄ ❄

Atme in mir, du heiliger Geist, dass ich Heiliges denke.
Treibe mich, du heiliger Geist, dass ich Heiliges tue.
Locke mich, du heiliger Geist, dass ich Heiliges liebe.
Stärke mich, du heiliger Geist, dass ich Heiliges hüte.
Hüte mich, du heiliger Geist, dass ich das Heilige nimmer verliere.
(AUGUSTINUS zugeschrieben)

❄ ❄ ❄

Sophie Scholl erzählt von einem Spaziergang mit ihrem Bruder. Dabei meinte er, es gebe einen einfachen Beweis für Existenz und Wirken Gottes: Die Luft, die wir zum Atmen brauchen, würde immer wieder völlig verbraucht, so dass der ganze Himmel verschmutzt sei von verbrauchtem Atem.

»Aber um den Menschen diese Nahrung für ihr Blut nicht ausgehen zu lassen, haucht Gott von Zeit zu Zeit einen Mund voll seines Atems in unsere Welt, und der durchzieht die ganze verbrauchte Luft und erneuert sie. So macht er das: Und da hob Hans sein Gesicht in den trüben, trüben Himmel, er holte tief Atem und stieß die ganze Luft zu seinem geöffneten Mund heraus. Die Säule seines hervorströmenden Atems war strahlend blau, sie wurde groß und größer und ging weit bis in den Himmel hinein, verdrängte die schmutzigen Wolken, und da war vor und über und um uns der reinste, blaueste Himmel.«
SOPHIE SCHOLL

Redensarten

Es verschlägt einem den Atem
Nicht zu Atem kommen
Den Atem anhalten
Der Atem stockt
Atemberaubend, atemlos, außer Atem
In Atem halten
Atem holen, Atem schöpfen
Atemlose Stille
Atemspende = Wiederbelebung

Weitere Informationen

99 % der Atmung erfolgt über die Lungen. Die Lunge hat 300 bis 400 Millionen Bläschen, in denen der Gasaustausch mit dem Blut stattfindet: Sauerstoff ins Blut, Kohlendioxyd in die Atemluft. Die Austauschoberfläche der Lunge ist 70 bis 80 qm groß. Die Lunge fasst ca. sechs Liter Luft; nur drei Viertel davon kann man ausatmen; die Restluft verhindert, dass die Lunge zusammenfällt. Ein üblicher Atemzug hat nur einen halben Liter Luft.

Der Sauerstoff aus der Atemluft wird von den Körperzellen für die Energie gebraucht. Zugleich sind die aggressiven Sauerstoff-Atome schuld, dass wir altern.

Menschen können maximal acht Minuten (nach Training) unter Wasser bleiben, Wale eine Stunde.

Lieder

Du, Herr, gabst uns
Alles, was atmet
Der Geist des Herrn
Jeder Teil dieser Erde
Laudato si
Liedruf: Alles, was Odem hat, lobe den Herrn
Du bist der Atem der Ewigkeit
Atme in uns, heiliger Geist
Alles, was atmet, alles, was lebt

ZUR TAUFFEIER

EINGANGSRITEN
Lied: Der Geist des Herrn

Begrüßung:

ATEM

Herzlich willkommen zur Tauffeier von N. und N.!

Vielleicht erinnern Sie, liebe Eltern, sich noch an den ersten Schrei Ihrer Kinder nach der Geburt. In diesem Augenblick haben sich ihre Lungen entfaltet und mit Luft gefüllt. Seitdem atmen sie – ohne zu wissen, wie es geht. Das Atmen wird durch einen uralten Reflex gesteuert, den wir nicht beeinflussen können. Wir atmen, ohne daran zu denken – je Minute etwa 18 Atemzüge, jeden Tag 26 000. Wer 75 Jahre alt wird, holt ca. 710 000 Millionen mal Luft und atmet 355 000 qm Luft ein.

Ohne Luft können wir nicht leben: Ein Mensch kann ca. einen Monat ohne Essen leben, wenige Tage ohne Flüssigkeit, aber nur wenige Minuten ohne Luft. So wurde der Atem zu einem Bild des Lebens. Der Atem soll bei dieser Taufe ein Bild des neuen Lebens sein, das Jesus schenkt.

Stellen Sie uns nun bitte die Täuflinge vor!

Sind Sie bereit, Ihr Kind im christlichen Glauben zu erziehen?

Ich frage die Paten: Sind Sie bereit, die Eltern dabei zu unterstützen, soweit es sinnvoll und Ihnen möglich ist?

Dann bezeichnen Sie Ihr Kind mit dem Kreuz!

Gebet:

Gott, ohne Luft können wir nicht leben; wir brauchen frische Luft zum Atmen. Wir danken dir für die Luft, für den Atem, für unser Leben durch Christus.

Oder: Gott, mit dem ersten Schrei der Kinder haben sich ihre Lungen entfaltet: sie atmen. Wir bitten dich: schenke ihnen einen langen Lebensatem durch Christus.

WORTGOTTESDIENST

Gespräch mit Kindern:

(Die Kinder werden nach vorn gebeten.)

Ich möchte mit euch über das Atmen nachdenken. Zuerst wollen wir einmal hörbar atmen: einatmen … ausatmen … die Luft anhalten …

Wir können nur wenige Minuten die Luft anhalten, dann …?

Am Atmen könnt ihr manchmal erkennen, wie es einem Menschen geht. Wenn er z.B. so atmet (hecheln ohne Pause) … oder so (tiefer Seufzer) … oder so (schwer atmen) … Wenn ein Mensch nicht mehr atmet …

Wenn ein Mensch z.B. nach einem Badeunfall nur kurze Zeit nicht atmet, dann können Ärzte oder Schwestern ihm eine Atemspende geben oder ihn künstlich beatmen, vielleicht kehrt er ins Leben zurück.

Atem geben bedeutet Leben geben.

Deshalb haben sich die Menschen früher den Anfang des Lebens so gedacht:

Lesung:

Als Gott, der Herr, Erde und Himmel machte, formte er den Menschen aus Erde vom Ackerboden und blies in seine Nase den Lebensatem: so wurde der Mensch zu einem lebendigen Wesen. GEN 2,4b.7

Und als sich die Jünger nach der Kreuzigung Jesu vor Angst und Trauer verkrochen hatten und um ihr Leben fürchteten, schreibt der Evangelist Johannes:

Jesus kam in ihre Mitte und sagte zu ihnen: Friede sei mit euch! Nachdem er das gesagt hatte, hauchte er sie an und sprach zu ihnen: Empfangt den Heiligen Geist! JOH 20,22

Jesus haucht die ängstlichen Jünger an, er will ihnen neuen Lebensmut schenken. Darum wollen auch wir jetzt bitten mit dem folgenden Lied.

Lied:

Du, Herr, gabst uns ...

Predigt:

Liebe Eltern, liebe Paten, Großeltern und Gäste,

das Atmen erscheint uns meistens so selbstverständlich, dass wir nicht daran denken. Das ist gut so. Und die Luft bemerken wir meistens erst, wenn sie voll Rauch oder Gestank ist oder wenn sie uns wegbleibt. Das ist mit vielen Dingen unseres Körpers und der ganzen Schöpfung so: Wir hören – ohne die Ohren zu beachten, doch wehe, sie entzünden sich! Die Haut ist uns selbstverständlich – bis wir uns verletzen. Wasser und Brot, Himmel und Erde: Vieles ist wichtig – jedes Organ, jedes Geschöpf für sich, und es ist wunderbar, wie alles zusammenspielt.

Manchen Eltern wird es bei der Geburt ihres Kindes bewusst: Dieses kleine Wesen mit Fingerchen, Händchen und Ärmchen, mit winzig kleinen Zehen, Füßchen und Beinchen ist ein Wunder. Ein Wunder, das atmet und lebt. Und manchmal vor dem Schlafengehen schauen Sie noch einmal auf Ihr Kind: wenn es ruhig atmet und sich der Brustkorb regelmäßig hebt und senkt, dann wissen Sie, dass alles in Ordnung ist.

Der Atem ist Zeichen des Lebens: Die Atmung (und der Herzschlag) reagieren unmittelbar auf körperlich-seelische Veränderungen: Angst, Stress, Wut treiben die Atmung an oder lassen den Atem stocken. Manchmal sind wir außer Atem, atemlos, wir finden etwas atemberaubend; bei anderer Gelegenheit halten wir vor Schreck den Atem an, keuchen oder schnappen nach Luft. Wir atmen erleichtert auf oder tief durch. Wir hauchen auf unsere kalten Hände. Vielleicht haben Sie schon einmal bei Sterbenden gesessen und erlebt, wie sie schwer atmen, nach Atem ringen, wie der Atem stockt. Schließlich kommt der letzte Atemzug. Früher hielt man einen Spiegel vor den Mund: Wenn er beschlug, atmete und lebte der Mensch noch.

Der Atem ist Ausdruck und Zeichen des täglichen Lebens – und er ist ein Zeichen des Lebens, das Gott uns in der Taufe schenkt. Jesus haucht die verängstigten Jünger an, um ihnen neuen Lebensmut zu schenken. Am Pfingstfest packt sie ein frischer Wind, der

Geist Jesu, der keine Angst kennt. Seitdem haben die Jünger einen langen Atem.

Heute sollen N. und N. Jüngerinnen und Jünger Jesu werden. Der Glaube schenke ihnen einen langen Atem und immer wieder neuen Lebensmut! Im Geist der Liebe bekomme ihr Leben frischen Schwung! Und wenn wir und sie einmal das Leben aushauchen, hoffen wir darauf: Gott wird uns aufs Neue, unvorstellbar, seinen Atem, sein Leben schenken.

In dieser Zuversicht wollen wir Gott unsere Bitten sagen.

Fürbitten:
Guter Gott, du hast uns deinen Atem, du hast uns das Leben geschenkt. Wir bitten dich:
- ◈ für N. und N.: dass sie in einer gesunden Umwelt aufwachsen …
- ◈ für N. und N.: schenke ihnen in Schwierigkeiten einen langen Atem …
- ◈ für alle Menschen, mit denen sie die Luft, den Atem und das Leben teilen: erfülle alle mit dem Geist der Liebe …
- ◈ für alle Kinder und für alle Menschen, die unter schlechter Luft leiden, unter Auto- oder Fabrikabgasen oder unter Zigarettenqualm: lass die Erwachsenen ihre Verantwortung für eine gesunde Umwelt erkennen …
- ◈ für uns alle: öffne unsere Augen für die vielen Wunder der Schöpfung und des Lebens …

Guter Gott, wir preisen dich durch Christus, unsern Herrn.

Lied:
Jeder Teil dieser Erde
Oder: Alles, was atmet, alles, was lebt

FEIER DES SAKRAMENTS
(Siehe: Die Feier der Kindertaufe)

Thematisch formuliertes Taufbekenntnis:

Widersagt ihr allem Bösen, das unser Leben belastet?
– Wir widersagen.
Widersagt ihr allem, was ein gutes Miteinander vergiftet: Gewalt,
Lüge und Rücksichtslosigkeit?
– Wir widersagen.

ATEM

Widersagt ihr allem, was andern die Luft zum freien Atmen nimmt
und ihre Rechte einschränkt?
– Wir widersagen.

Nun frage ich nach unserem christlichen Glauben:
Glaubt ihr an Gott, der uns Atem und Leben schenkt?
– Wir glauben.
Glaubt ihr Jesus Christus, der unser Leben teilte, der gestorben ist
und seinen Jüngern neuen Lebensmut schenkte?
– Wir glauben.
Glaubt ihr an den Heiligen Geist, der Angst und Müdigkeit vertreibt
und einen langen Atem schenkt?
– Wir glauben.

(Apostolisches Glaubensbekenntnis)

ABSCHLIESSENDE RITEN
(Siehe: Die Feier der Kindertaufe)

Einleitung zum Segen:
Gott, wir danken dir für die Luft und den Atem, für das Leben und
für deinen Geist der Liebe. Wir danken dir für N., N. und für alle, die
mit uns Atem und Leben teilen. Voll Vertrauen bitten wir um deinen
Segen für uns alle ...
   Oder: Atme in mir, du heiliger Geist. (s.o., S.44)

Segen

Lied:
Laudato si

Vorbemerkungen und Vorbereitungen

Vielfach ist in der Bibel vom Buch des Lebens die Rede: Ins Buch des Lebens sind die Namen derer eingetragen, die zum (ewigen) Leben bestimmt sind.

Zu dieser Taufe gestalten die Familien ein Buch für die Täuflinge. Das ist gewiss nicht jedermanns Sache, aber manche Familien können Freude daran haben.

Auf dem ersten Blatt könnte z. B. stehen: N., vor deiner Geburt warst du für uns »ein Buch mit sieben Siegeln«. Für die Geburt folgt ein »unbeschriebenes Blatt«, danach eins mit Daten der Geburt und ersten Fotos. Dann wird »eine neue Seite aufgeschlagen«.

Im ersten Kapitel kann es um die Wurzeln gehen: Darin schreiben die Eltern, Großeltern und Paten etwas über ihre eigenen Glaubens- und Kirchenerfahrungen und welche Werte sie dem Kind weitergeben wollen. Hierher würde ein Blatt mit dem Evangelium der Taufe Jesu gehören. Das zweite Kapitel beginnt mit der Taufe. Hier kann eine Kopie aus dem Taufregister der Pfarre eingelegt werden (die Angaben zu den anderen Täuflingen werden abgedeckt). Zur Taufe gestalten alle, die es möchten, eine Seite.

Zu empfehlen sind stärkere Blätter, die in Prospekthüllen in einem Ordner gesammelt und später evtl. eingebunden werden.

Bibeltexte

Aus dem Buch der Psalmen:

Herr, du hast mein Inneres geschaffen, mich gewoben im
Schoß meiner Mutter. Ich danke dir, dass du mich so wunderbar
gestaltet hast. Ich weiß: Staunenswert sind deine Werke.
Als ich geformt wurde im Dunkeln, kunstvoll gewirkt in den
Tiefen der Erde, waren meine Glieder dir nicht verborgen.
Deine Augen sahen, wie ich entstand, in deinem Buch war
schon alles verzeichnet; meine Tage waren schon gebildet, als
noch keiner von ihnen da war.
Ps 139,13–16

Aus dem Buch Ijob:
(Ijob ergriff das Wort und sprach:)
> Dass doch meine Worte aufgeschrieben würden,
> in einer Inschrift eingegraben mit eisernem Griffel und mit Blei,
> für immer gehauen in Fels.
> IJOB 19,23 f.

BUCH

Lesung aus dem Buch des Propheten Jesaja:
> So spricht der Herr, der dich geschaffen hat und der dich formte:
> Fürchte dich nicht, denn ich habe dich ausgelöst, ich habe dich
> bei deinem Namen gerufen, du gehörst mir.
> Mein Volk sagt: »Der Herr hat mich verlassen, Gott hat mich
> vergessen.«
> Kann denn eine Frau ihr Kindlein vergessen, eine Mutter ihren
> leiblichen Sohn?
> Und selbst wenn sie ihn vergessen würde: ich vergesse dich
> nicht!
> Sieh her: Ich habe dich eingezeichnet in meine Hände,
> dein Bild habe ich immer vor Augen.
> AUS JES 43,1.49,14–16

Aus dem Evangelium nach Lukas:
> LK 10,17–20 (s.u., S.54)

Aus der Offenbarung des Johannes:
> OFFB 3,1–5 (s.u., S.53)

Vgl. auch Exodus 32,32: Gestrichen werden aus dem Buch des Lebens
Ps 69,29: Der Gerechte wird nicht gestrichen

Lieder
Kommt herbei
Alle Kinder dieser Erde
Lasst die Kinder zu mir kommen
Vergiss es nie

EINGANGSRITEN
Lied: Kommt herbei

Begrüßung:
Liebe Eltern, vor seiner/ihrer Geburt war N. für Sie ein unbeschriebenes Blatt. Heute wird eine neue Seite in seinem/ihrem Leben aufgeschlagen. Doch er/sie bleibt für Sie ein Buch mit sieben Siegeln.
Denn jeder Mensch ist ein Geheimnis, solange er lebt, auch wenn wir
nach und nach voneinander erfahren. Ich bitte Sie, uns ein wenig von
Ihrem Kind und von Ihren Gedanken zur Taufe zu verraten.

BUCH

Vorstellung der Tauffamilien und Befragung der Paten
Bezeichnung mit dem Kreuz

Gebet:
Gott, N. ist ein Buch mit sieben Siegeln. Wir wissen nicht, was in sei-
nem/ihrem Leben geschieht. Aber wir vertrauen darauf: Du kennst
und liebst N. So schenke ihm/ihr und allen, die ihm/ihr begegnen,
deinen Schutz durch Christus.

WORTGOTTESDIENST
Lesung aus der Offenbarung des Johannes:
> Einige Namen hast du, die mit mir gehen – in weiße Gewänder
> gekleidet, denn sie sind es wert. Wer siegt, wird ebenso mit
> weißen Gewändern bekleidet werden. Nie werde ich seinen
> Namen aus dem Buch des Lebens streichen, sondern ich werde
> mich vor meinem Vater und vor seinen Engeln zu ihm bekennen.
> AUS OFFB 3,4f.

Orgelspiel

Aus dem Evangelium nach Lukas:
> Nachdem Jesus 72 Jünger ausgesandt hatte, kehrten sie zurück
> und berichteten voll Freude: Herr, sogar die bösen Geister

gehorchen uns, wenn wir deinen Namen aussprechen.
Da sagte er zu ihnen: Freut euch nicht darüber, dass euch die
Geister gehorchen, sondern freut euch darüber, dass eure
Namen im Himmel verzeichnet sind.
Aus Lk 10,17–20

BUCH Predigt:

Liebe Eltern,

ins Pfarrbüro kommen gelegentlich Leute, die Familienforschung
betreiben: Sie schauen im Taufbuch nach, wann ihre Vorfahren
geboren und getauft wurden, wer die Eltern und Paten waren; oft ist
seitlich auch eingetragen, wann eine Hochzeit mit wem stattfand.
Mein Patenonkel hat so die Familiengeschichte bis ins 16. Jahrhun-
dert verfolgt – es ist hochinteressant, darin zu lesen! Ähnliches
machen Firmen bei einem Jubiläum. Und bedeutende Leute schreiben im Alter ihre Memoiren: Sie erklären, wie sie wurden, was sie
sind, sie begründen Entscheidungen und rechnen manchmal mit
ihren Gegnern oder Konkurrenten ab. Wenn etwas aufgeschrieben
wurde, dann hat man etwas in der Hand; bloße Erinnerungen können täuschen oder vergessen werden. –

Deshalb haben auch manche Jünger Jesu aufgeschrieben, was sie
von Jesus erlebt oder erfahren haben. So blieb vieles erhalten, was
sonst vergessen oder in der Erinnerung verändert worden wäre. Wie
die Erinnerung täuschen kann, das haben wohl viele schon erlebt,
wenn bei Klassen- oder Familientreffen von früher erzählt wurde
und die alten Geschichten sich unterschieden. Wie war es wirklich?
Schwer zu sagen. Ich persönlich wüsste heute gern, was ich als
Jugendlicher gedacht habe oder was meine Eltern erzählten, aber ich
werde es nie mehr zusammenbringen.

Ihrem Kind wollen Sie daher eine kleine Hilfe anbieten. Sie
gestalten für N. ein Buch. Ein Buch, in das wichtige Ereignisse und
Gedanken seines/ihres Lebens aufgeschrieben werden können.

(Hier aufgreifen, was die Eltern schon ins Buch geschrieben
haben, z.B.: Sie haben die Daten seiner Geburt usw. eingetragen.)

Die Taufe heute ist ein Ereignis, das sich einzutragen lohnt – und
zwar nicht nur das Datum, die Paten und Gäste und andere Äußer-

lichkeiten. Schreiben Sie außerdem in diesen Tagen auf, warum Sie N. taufen ließen, was Ihnen selbst der Glaube bedeutet, welche Werte Sie N. weitergeben wollen. Schreiben Sie, was Sie N. für das spätere Leben wünschen. Die Paten und Großeltern sind eingeladen, selbst eine entsprechende Seite im Lebensbuch von N. zu gestalten.

Im Laufe der nächsten Monate können Sie besondere Ereignisse aufschreiben und Bilder dazukleben. Auf jeden Fall ist ein Geburtstag ein Anlass, das Buch weiterzuschreiben: Was war wichtig im vergangenen Jahr? Worüber haben Sie sich gefreut? Was hat Ihnen Sorgen gemacht? Was wünschen Sie ihm/ihr für das nächste Lebensjahr? Wenn N. größer ist, kann er/sie selbst dazu etwas schreiben. Vielleicht liest er/sie am Geburtstag noch einmal nach, was er/sie sich vor einem oder zwei Jahren vorgenommen hatte – dann wird das Buch eine Hilfe zu einer bewussten Lebensgestaltung. Natürlich hat N. das Recht, seine/ihre Einträge für sich zu behalten!

Niemand weiß heute, wann in diesem Buch das letzte Kapitel geschrieben wird und ob im Buch am Ende eine Erfolgsgeschichte, ein Krimi oder eine Tragödie steht. Aber das dürfen wir glauben: Ganz gleich, was alles in diesem Buch stehen wird, es soll kein Schuldenbuch werden – und wenn das letzte Blatt in N.s Lebensbuch beschrieben wurde, beginnt ein neues Kapitel in einem andern Buch, im Buch des Lebens. Denn so wie bei der Taufe N.s Name in das Taufbuch dieser Gemeinde eingetragen wird, so soll sein/ihr Name eingetragen sein im Buch des Lebens bei Gott. Von einem solchen Buch im übertragenen Sinn sprechen die Propheten und Jesus. So geben sie den Menschen Hoffnung für die Zukunft; sie versichern nämlich, dass die Namen der Gerechten eingeschrieben sind ins Buch des Lebens. Ob N. ein Gerechter, eine Gerechte wird – auch das wissen wir nicht, aber wir vertrauen darauf: Selbst wenn in diesem Leben etwas misslingen sollte, ist die vergebende Liebe Gottes größer.

In diesem Glauben wollen wir N. taufen und der Liebe Gottes anvertrauen.

Was Sie N. heute Gutes wünschen, haben Sie auf eine Seite geschrieben. Paten und Eltern sprechen ihren Wunsch laut aus; wir alle bitten Gott, dass dieser Wunsch in Erfüllung gehe. Danach können alle ihr Blatt in diesen Ordner legen.

Fürbitten:

Gott, du kennst uns: unsere Ängste und Freuden. Wir bitten dich für N.:

◈ Halte unsere Erinnerung an den Lebensbeginn von N. lebendig ...

◈ Schenke uns Ehrfurcht vor dem Geheimnis seines/ihres Lebens ...

◈ Erfülle uns mit Dankbarkeit für alles, was wir an N. entdecken und von ihm/ihr erfahren ...

Lied:

Vergiss es nie
Oder: Kleines Senfkorn Hoffnung

FEIER DES SAKRAMENTS

(Siehe: Die Feier der Kindertaufe)

ABSCHLIESSENDE RITEN

(Siehe: Die Feier der Kindertaufe)

Einleitung zum Segen:

Gott, wir haben N. getauft. Du kennst seinen/ihren Namen. Wir bitten dich, seinen/ihren Namen einzuschreiben ins Buch des Lebens. Darum bitten wir durch Christus.

Segen

Schlusslied:

Alle Kinder dieser Erde

Vorbemerkung

Viele Eltern machen die Erfahrung: Auch wenn sie noch so aufpassen, kann ihr kleines Kind fallen, sich verletzen oder wehtun. Und selbst wenn die Kinder größer sind, können Eltern nicht verhindern, dass ihr Kind auf dem Schulweg von Fremden angesprochen oder von Mitschülerinnen oder Mitschülern drangsaliert wird. Wenn sie versuchen würden, alles mögliche Unheil und alle Gefahren von ihren Kindern fern zu halten, es würde weder gelingen noch den Kindern gut tun. Wahrscheinlich ist es besser, das Sinnvolle und Mögliche zu tun und das Kind dem Schutz Gottes anvertrauen. Engel sind Ausdruck oder Bild dieses Schutzes. Zwar kann auch einem Kind, das Gottes Schutz anvertraut ist, etwas Böses zustoßen, aber der Glaube kann helfen, ein Kind frei und selbstbewusst wachsen zu lassen und mit Enttäuschungen umzugehen.

Bibelstellen

Aus dem Buch der Psalmen:

> Wer im Schutz des Höchsten wohnt
> und ruht im Schatten des Allmächtigen,
> der sagt zum Herrn: »Du bist für mich Zuflucht und Burg,
> mein Gott, dem ich vertraue.«
> Er rettet dich aus der Schlinge des Jägers
> und aus allem Verderben.
> Er beschirmt dich mit seinen Flügeln,
> unter seinen Schwingen findest du Zuflucht,
> Schild und Schutz ist dir seine Treue.
> Der Herr ist deine Zuflucht,
> du hast dir den Höchsten als Schutz erwählt.
> Dir begegnet kein Unheil,
> kein Unglück naht deinem Zelt.
> Denn er befiehlt seinen Engeln,
> dich zu behüten auf all deinen Wegen.

Sie tragen dich auf ihren Händen,
damit dein Fuß nicht an einen Stein stößt;
Weil er an mir hängt, will ich ihn retten;
ich will ihn schützen, denn er kennt meinen Namen.
Wenn er mich anruft, dann will ich ihn erhören.
Ich bin bei ihm in der Not,

ENGEL

befreie ihn und bringe ihn zu Ehren.
Ich sättige ihn mit langem Leben
und lasse ihn schauen mein Heil.
AUS PS 91

Aus dem Evangelium nach Matthäus:
MT 18,1–5.10 (s.u., S. 61)

Andere Texte

welcher engel wird uns sagen
dass das leben weitergeht
welcher engel wird wohl kommen
der den stein vom grabe hebt.
wirst du für mich
werd ich für dich
der engel sein

welcher engel wird uns zeigen
wie das leben zu bestehn
welcher engel schenkt uns augen
die im keim die frucht schon sehn.
wirst du für mich
werd ich für dich
der engel sein

welcher engel öffnet ohren
die geheimnisse verstehn
welcher engel leiht uns flügel
unsern himmel einzusehn.

wirst du für mich
werd ich für dich
der engel sein
WILHELM WILLMS

* * *

Es müssen nicht Männer mit Flügeln sein
Es müssen nicht Männer mit Flügeln sein,
die Engel.
Sie gehen leise, sie müssen nicht schrein,
oft sind sie alt und hässlich und klein,
die Engel.

Sie haben kein Schwert, kein weißes Gewand,
die Engel.
Vielleicht ist einer, der gibt dir die Hand,
oder er wohnt neben dir, Wand an Wand,
der Engel.

Dem Hungernden hat er Brot gebracht,
der Engel,
dem Kranken hat er das Bett gemacht,
er hört, wenn du ihn rufst, in der Nacht,
der Engel.

Er steht dir im Weg und er sagt: Nein,
der Engel,
groß wie ein Pfahl und hart wie ein Stein –
es müssen nicht Männer mit Flügeln sein,
die Engel.
RUDOLF OTTO WIEMER

* * *

59

Die Engel sind die blitzschnellen Einfälle Gottes. Nur wer etwas von der Poesie des lebendigen Gottes versteht, wird auch keinen Anstoß an den Engeln nehmen. Es hat keinen Zweck zu fragen, ob es Engel gibt oder nicht. Das ist im Grunde so unergiebig wie die Frage, ob Gedichte nötig sind oder nicht … Ohne Engel wäre die Bibel ärmer, fantasieloser, wäre Gott weniger poetisch.

ENGEL WILHELM BRUNERS

Lieder
Du mein Schutzgeist, Gottes Engel
Singt dem König (Strophen 1 und 4)
Lobe den Herren, den mächtigen König
Lasst uns den Engel preisen
Kleines Senfkorn Hoffnung
Halte zu mir, guter Gott
Dass du mich einstimmen lässt
Welcher Engel wird uns sagen

ZUR TAUFFEIER

EINGANGSRITEN
Lied: Lobe den Herren (Strophen 1 bis 3)

Begrüßung:
Liebe Eltern und Paten, liebe Großeltern und Gäste,

ist N. ein Engel? Das kommt darauf an! Wenn Sie damit sagen wollen, dass er/sie noch nichts Böses tut, werden alle Ihnen zustimmen. Oft brauchen wir die Bezeichnung Engel allerdings in dem Sinn, dass jemand für Menschen in Not ein guter Engel oder ein Schutzengel ist. Damit wäre N. natürlich noch überfordert. Und noch eine dritte Bedeutung von Engel möchte ich ansprechen: In der Bibel werden Boten Gottes oft als Engel bezeichnet. Der bengalische Dichter Tagore hat gesagt: Jedes neugeborene Kind bringt die Botschaft, dass Gott die Welt noch nicht aufgegeben hat! Tatsächlich kann ein Kind die Eltern lehren, das Leben mit neuen Augen zu sehen. Ich wünsche Ihnen, dass N. in diesem Sinn ein Engel, ein Bote Gottes für Sie ist. Stellen Sie uns Ihren Engel nun bitte vor!

Vorstellung der Tauffamilien und Befragung der Paten
Bezeichnung mit dem Kreuz

Gebet:
Gott, manchmal träumen wir von einem Leben auf Flügeln: von einem Leben, leicht, beschwingt und unbeschwert. Heute bitten wir dich: Befreie N. und uns von allem, was uns herunterzieht, erleichtere unsere Lasten und schenke uns Hoffnung durch deinen Sohn Jesus Christus.

WORTGOTTESDIENST
Aus dem Evangelium nach Matthäus:
> In jener Stunde kamen die Jünger zu Jesus und fragten: Wer ist im Himmelreich der Größte? Da rief er ein Kind herbei, stellte es in ihre Mitte und sagte: Amen, das sage ich euch: Wenn ihr nicht umkehrt und wie die Kinder werdet, könnt ihr nicht in das Himmelreich kommen.
> Wer so klein sein kann wie dieses Kind, der ist im Himmelreich der Größte. Und wer ein solches Kind um meinetwillen aufnimmt, der nimmt mich auf.
> Hütet euch davor, einen von diesen Kleinen zu verachten! Denn ich sage euch: Ihre Engel im Himmel sehen stets das Angesicht meines himmlischen Vaters.
> MT 18,1–5.10

Predigt:
Liebe Familie(n) N.,

ein Samenkorn (eines zeigen) ist ein Wunder: Alles ist darin angelegt, es muss sich nur entfalten! Dazu braucht es Schutz, Wärme und Nahrung.

Ein Kind ist wie ein Samenkorn: ein Wunder. Im kleinsten Anfang ist alles angelegt, was sich entfalten soll. Dazu braucht ein

Kind Schutz: Schutz in der Höhle der Mutter, Schutz im wörtlichen Sinn vor Regen, Kälte und Sonnenbrand, Schutz vor Krankheiten und vielfältigen Gefahren. Das Kind braucht Schutz, um sich zu entfalten: den Schutz der Eltern, Paten und Verwandten, den Schutz durch Kinderärztinnen und Ärzte, den Schutz vieler Menschen, die ihm begegnen.

ENGEL

Aber weil unsere Kräfte und Möglichkeiten so gering sind, braucht es den Schutz eines Größeren. Als Christen glauben wir: Ein Kind steht unter Gottes Schutz – der Schutzengel ist ein Bild dafür. –

Die Kleinen stehen unter Gottes besonderem Schutz. Schon Maria singt im Magnifikat: Gott stürzt die Großen und Mächtigen vom Thron, die Kleinen aber hebt er auf. –

Ein Kind steht unter Gottes Schutz: seit Jesus Kind geworden ist, trägt jedes Kind die Züge des Christkindes – und Jesus sorgt sich um seine Geschwister, und der Vater gibt den Kindern die Kraft, mit einem Lächeln jedes Eis zum Schmelzen zu bringen und Wunder zu wirken. Denn ein Kind ist selbst ein Wunder.

Liebe Familie(n) N., bin ich zu romantisch im Blick auf die Kinder? Oder – geht es Ihnen manchmal ebenso?

Dabei wissen wir, wie gefährdet und verletzlich Kinder sind, schon durch Ungeschicklichkeit. Wir Erwachsenen tragen doch alle die Narben vielfältiger Verletzungen unseres Lebens. Auch den Kindern, die wir heute taufen, werden sie nicht erspart bleiben. Denn sie sind nicht in eine heile Welt geboren, sondern in eine Welt voller Gewalt, Ungerechtigkeiten und Umweltbelastungen, in eine Welt, in der es keine Familie ohne Enttäuschungen, ohne Trauer, ohne Verletzungen oder Probleme gibt. Das ist doch die Wirklichkeit.

Ja, das leugne ich nicht. Ein altes Wort für diese Belastungen und Verstrickungen ist übrigens »Erbschuld«.

Ich leugne das Böse, das Leid, die vielfältigen Belastungen nicht. Aber: Wir wollen uns um der Kinder willen nicht damit abfinden! Darum wird N. getauft.

Denn durch die Taufe wird Ihr Kind aufgenommen in die Gemeinschaft der Christen. Und Christen sind der Botschaft Jesu verpflichtet, in der die Kleinen beachtet werden und den Hungernden Brot und Liebe großzügig geschenkt wird.

Ich weiß, selbst diese Gemeinschaft ist beschädigt, infiziert, aber sie hat zumindest ein anderes Programm als diese Welt, und es gibt in ihr immer wieder Menschen, die im Geiste Jesu leben, die wahre Engel für andere sind. Auch wir bemühen uns darum.

Und Sie, die Familie, wollen, dass Ihr Kind mit Menschen im Geist Jesu in Verbindung kommt und durch diese Menschen erlebt, wie kostbar Jesu Botschaft ist. Durch deren Liebe soll jedes Kind *die* Wärme und Nahrung erhalten, die es zur vollen Entfaltung seiner Anlagen braucht.

Liebe Familie N., Kinder brauchen in einer unheilen Welt Schutz; bei der Taufe stellen wir sie ausdrücklich unter den Schutz dessen, der die Kleinen liebt.

Und wie sieht Gottes Schutz konkret aus? Davon verstehe ich nicht viel. Sein Schutz erfolgt vielleicht auch durch die guten Kräfte der Seele oder des Unterbewussten. Ich weiß davon nicht viel. Ganz sicher aber weiß ich – und da schließt sich der Kreis: Gott braucht *auch* Menschen, braucht die Hände und die Herzen von Menschen, damit andere Menschen seine Liebe spürbar erfahren.

Gott braucht Menschen, die für andere Engel sind, Schutzengel. Er braucht Menschen, die auf ihn schauen und auf Jesus, sein Bild, und die dieses Antlitz in den Kindern, in den Kleinen, in den Schutzlosen und Geringgeschätzten wiederentdecken und ihnen seine Liebe, seinen Schutz spürbar gewähren.

Sie, die Eltern und Großeltern, die Paten, Freundinnen und Freunde sind berufen, Schutzengel für N. und viele andere zu sein. Sie brauchen nicht zu erschrecken: Sie *können* Engel sein – im Blick auf Gott und auf die Kleinen.

Wie dieser Schutz praktisch aussieht, darüber erzählt die Bibel viele Geschichten. Ich erinnere nur an die Geschichte des Engels Rafael, der den jungen Tobias auf gefahrvollen Wegen begleitet, zurückhaltend, vermittelnd, beratend.

Ich gratuliere Ihnen zu Ihrer Berufung, Schutz-Engel für N. zu sein. Amen.

Fürbitten:

Gott, weil wir um unsere Grenzen wissen, bitten wir um deine Hilfe und deinen Schutz:

◈ für N. und für alle Kinder unserer Zeit:
für die Kinder in unserer Gemeinde und in unserer Stadt,
für alle kranken und unglücklichen Kinder,
für alle Kinder, die in Angst oder in der Fremde leben,
für die Kinder in den Kriegs- und Hungerländern der Welt,
für alle, die einen guten Engel brauchten:
sende ihnen Menschen, die sich von ihrer Not anrühren lassen
und helfen!

◈ für alle guten Engel:
für alle, die sich unaufdringlich der Kinder und jungen Menschen annehmen,
für alle, die sich für Menschen in den Kriegs- und Armutsländern einsetzen
und für alle, die *uns* auf unserm Lebensweg geraten und begleitet haben:
für alle, die Freude und Hoffnung ausstrahlen
und uns etwas von deiner Liebe ahnen lassen:
stärke sie und stecke uns durch ihr Leben an!

◈ für uns:
öffne unsere Augen für die Menschen, die Wegweisung und Freundschaft, Rat und Hilfe brauchen, und lass uns erfahren, wie viel Freude es macht, andern ein guter Engel zu sein!

Guter Gott, führe zur Vollendung, was du in diesem Kind begonnen hast. So bitten wir durch Christus.

Lied:

Du mein Schutzgeist, Gottes Engel
Oder: Halte zu mir, guter Gott

FEIER DES SAKRAMENTS
(Siehe: Die Feier der Kindertaufe)

ABSCHLIESSENDE RITEN
(Siehe: Die Feier der Kindertaufe)

Einleitung zum Vaterunser:
Vater im Himmel, wir danken dir. Wir danken dir für deine wunderbare Schöpfung. Wir danken dir für jedes Kind, in dem du uns anlächelst. Wir danken dir für alle guten Engel, die uns und andere begleiten. Wir danken dir für den Frieden und alle Freude, die du durch sie verbreitest. Wir danken dir für Jesus: er trägt deine Züge und strahlt deine Liebe aus. Mit allen Engeln und Heiligen preisen wir dich und singen:

Vaterunser

Segen

Lied:
Singt dem König
Oder: Dass du mich einstimmen lässt

Vorbemerkung

Die folgende Tauffeier wurde für einen Täufling namens Tobias gehalten, aber sie kann selbstverständlich auch bei Kindern mit einem anderen Namen verwendet werden. Im Wortgottesdienst wird eine Zusammenfassung des Buches Tobit gelesen und in der Predigt gedeutet. Da der ganze Text zu lang ist, empfiehlt es sich, ihn in Abschnitte des originalen Bibeltextes (T) und in die Zusammenfassungen (Z) der Zwischenstücke aufzuteilen. T und Z sollten von unterschiedlichen Personen vorgelesen werden.

ENGEL

Zur Liedauswahl

Vgl. die vorhergehende Tauffeier (s. o., S. 60).

ZUR TAUFFEIER

EINGANGSRITEN

Lied: Welcher Engel wird uns sagen
Oder: Lobe den Herren (Strophen 1 bis 3)

Begrüßung:

Liebe Eltern und Paten, liebe Großeltern und Gäste,

Sie haben Ihr Kind Tobias genannt – ein schöner Name. Ein Buch der Bibel erzählt vor etwa 2200 Jahren von einem wichtigen Lebensabschnitt eines jungen Mannes mit dem Namen Tobias. Aus diesem Buch wollen wir heute einige Abschnitte hören. Zwischen den Bibeltexten wird jeweils eine kurze inhaltliche Zusammenfassung dessen gegeben, was dazwischen erzählt wurde.

Doch bevor wir vom biblischen Tobias hören, stellen Sie uns bitte *Ihren* Tobias vor:

Vorstellung der Tauffamilien und Befragung der Paten
Bezeichnung mit dem Kreuz

Gebet:

Gott, unser Lebensweg ist manchmal mühsam oder gefahrvoll. Lass uns auf unsern Wegen nicht allein, sondern schütze und begleite uns durch deine Engel. So bitten wir durch Christus.

Lesung aus dem Buche Tobit:

Z: Die Familie mit dem Vater Tobit, seiner Frau Anna und ihrem Sohn Tobias war in die Fremde verschleppt worden und lebte in der Stadt Ninive. Tobit tat viel Gutes. Doch er geriet in Not.

T: In seiner Not erinnerte der blinde Tobit sich,
dass er bei einem Verwandten in Medien Geld hinterlegt hatte.
Und er rief seinen Sohn und machte ihm Mitteilung davon.
Tobias antwortete seinem Vater Tobit:
Ich kenne den Weg nicht, den ich bei dieser Reise
einschlagen muss.
Da antwortete Tobit seinem Sohn:
Suche dir einen zuverlässigen Reisebegleiter.
Er soll auf unsere Kosten leben bis zu deiner Rückkehr.
Da fand Tobias Rafael. Er sprach zu ihm: Woher bist du, Freund?
Rafael antwortete: Ich bin einer deiner Brüder.
Ich bin hierher gekommen, um Arbeit zu suchen.
Tobias fragte ihn: Kennst du den Weg nach Medien?
Rafael antwortete:
Gewiss doch! Mehrere Male bin ich dort gewesen.
Tobias sprach zu ihm: Warte auf mich, Freund!
Ich will meinen Vater benachrichtigen.
Ich möchte, dass du mit mir kommst,
und werde dir deine Tage bezahlen.

Z: Nachdem auch Vater Tobit mit Rafael gesprochen hat, erklärt er:

T: Nun mach dich reisefertig, Kind! Reise mit deinem Bruder!
Gott beschütze euch auf allen euren Wegen und führe euch
gesund wieder zu mir. Sein Engel begleite euch zum Schutz!
Tobias brach mit dem Engel auf, und der Hund folgte hinterher.
So zogen sie ihres Weges.

Z: Auf ihrem Weg erleben Rafael und Tobias manche Gefahren und Abenteuer. Rafael ist für Tobias ein Beistand in allen Schwierigkeiten. Einmal fängt Tobias am Fluss Tigris einen großen Fisch. Sie braten ihn – und Rafael rät Tobias, die Galle des Fisches mitzunehmen und später auf die blinden Augen seines Vaters zu streichen. Schließlich kommen Rafael und Tobias nach Medien. Bei einem Verwandten namens Raguel wollen sie eine Zwischenstation machen. Kurz bevor sie dort ankommen, sagt Rafael zu Tobias, dass Raguel eine Tochter Sarah hat. Sie ist schön und hat ein gutes Herz. Aber Sarah hat schwere Erlebnisse hinter sich. Tobias und Sarah lernen sich kennen und erkennen, dass sie füreinander bestimmt sind. Tobias bittet seinen Freund Rafael, für ihn Brautwerber zu sein. Nach der Hochzeit holt Rafael das Geld bei dem Verwandten, zu dem Vater Tobit sie gesandt hatte. Dann kehren Rafael und Tobias nach Hause zurück.
Im Buch Tobit wird die Rückkehr so beschrieben:

T: Seine Mutter Anna hielt Ausschau.
Da sah sie ihn kommen und sprach zu seinem Vater:
Siehe, dein Sohn kommt und der Mann, der mit ihm gereist ist.
Rafael sprach zu Tobias, bevor er noch seinen Vater erreichte:
Streiche deinem Vater die Fischgalle auf die Augen,
die du mitgebracht hast. Die Arznei wird beißen
und ihm von den Augen ein weißes Häutchen ablösen.
Die Mutter lief Tobias entgegen, fiel ihrem Sohn um den Hals
und sagte: Ich habe dich wiedergesehen, nun kann ich sterben.
Vater Tobit erhob sich, aber er stieß an die Hoftür.
Da lief Tobias zu ihm und strich ihm die Fischgalle auf seine Augen.
Sein Vater fiel ihm um den Hals.
Er weinte und rief: Ich sehe dich, mein Sohn, Licht meiner Augen.
Und er sprach: Gepriesen sei Gott, gepriesen seien all seine Engel.

Z: Tobias tritt in das Haus und berichtet seinen Eltern, dass seine Reise gut verlaufen sei und dass er das Geld mitbringe. Er erzählt, dass er Sarah kennen gelernt und geheiratet habe: bald käme sie nach.

Bei ihrer Ankunft ging Tobit ihr voll Freude entgegen.
An diesem Tag wurde ein Fest für alle Juden in Ninive gefeiert.

T: Am Ende der Hochzeit sagte Tobit zu seinem Sohn:
Kind, bemühe dich um den Lohn für den Mann, der mit dir
gereist ist.
Du musst ihm noch etwas hinzugeben.
Tobias sagte: Ich will ihm die Hälfte von dem geben, was ich
mitgebracht habe. Er hat mich gesund und sicher heimgebracht,
meine Frau geheilt, das Geld geholt und auch dich geheilt.
Da rief Tobias seinen Reisegefährten, um ihm die Hälfte von
allem zu geben.
Rafael aber sprach zu ihnen:
Preiset Gott und danket *ihm* für das, was er an euch getan hat.
Verkündet allen Menschen Gottes Werke. Zögert nicht, ihm zu
danken. Ich will euch die ganze Wahrheit sagen:
Gott hat mich gesandt, dich und deine Schwiegertochter zu
heilen. Ich bin einer von seinen Engeln.
Da erschraken sie und fielen auf ihr Angesicht.
Er aber sprach zu ihnen: Fürchtet euch nicht! Friede sei mit
euch! Preist Gott allezeit!
Als sie aufblickten, sahen sie ihn nicht mehr. Sie priesen Gott
und dankten ihm.

Predigt:

Liebe Eltern und Großeltern, liebe Paten und Gäste,
»Wissen Sie, was Ihr Mensch gerade macht?« So wird ein Schutzengel in der Reklame einer Versicherung gefragt. Leider passt der
Engel einen Augenblick nicht auf, schon stürzt eine kostbare chine-
sische Vase und springt in tausend Stücke oder der neue Wagen
kracht voll auf ein Hindernis. Für diesen Fall empfiehlt sich – natürlich – die Versicherung.
Schutzengel – ja, so stellen manche Christen sie sich vor: Als gute
Aufpasser, damit nichts passiert. Sie sind allerdings unsichtbar: Die
Plakate der Versicherung deuten den Engel deshalb nur durch zwei
helle, durchsichtige Flügel an.

Vielleicht könnten Sie diesen Fernsehspot für sich so übertragen: Wissen Sie, was Ihr Kind gerade macht? Vielleicht greift es gerade nach einem Kessel mit heißem Wasser, und da ist kein Flügelwesen und keine Versicherung, die im letzten Augenblick eingreift – außer Ihnen. Es kann allerdings auch sein, dass Sie ein wenig zu spät sind, und dann ist es passiert und das Geschrei ist groß.

ENGEL

Natürlich möchten Sie Ihr Kind vor solchem und allem Missgeschick bewahren, aber das ist unmöglich. Wenn Sie es versuchen würden, würde zu viel Kontrolle Ihr Kind einengen. Manche Eltern tun, was sinnvoll und möglich ist – und sie vertrauen ihr Kind dem Schutz Gottes an. Dafür sind Engel ein Bild.

Aber noch einmal: Engel – was wären das für Wesen?

Ein Fernsehbericht zeigte eine Suppenküche in Sarajewo: Eine Schwester arbeitet dort unermüdlich. Eine alte Frau sagt: Sie ist unser guter Engel. Dieser Engel war kein durchsichtiges Lichtwesen, sondern eine stämmige Frau ohne Flügel, die richtig anpackte.

Was also sind Engel? Geistige Himmelswesen, Märchengestalten aus der Kinderwelt, so wie Elfen und Feen – »Abends, wenn ich schlafen geh, vierzehn Englein um mich stehen ...« –, oder sind Engel gute Menschen, Menschen wie Mutter Teresa z. B., die sich anderer Menschen in Not annehmen?

Wo sonst könnten wir nachschauen – als in der Bibel!

Wenn ich die Bibel richtig verstehe, sieht sie die Sache so: Gott ist unfassbar, unsichtbar, unvorstellbar. Wenn Gott aber so unvorstellbar ist –– wie kann man dann von ihm sprechen, wie kann er uns nahe sein? Da umschreibt die Bibel Gott manchmal mit den Worten »der Engel des Herrn«. Wenn Gott z. B. Menschen auf ihrem Lebensweg begleitet, geschieht das durch einen Engel. Das Buch Tobit nennt ihn Rafael, das ist hebräisch und heißt übersetzt: »*Gott* schützt« oder »*Gott* heilt«. Es ist also Gott selbst, der die Menschen begleitet, heilt und schützt, die ihm vertrauen. Rafael selbst bezeichnet sich als Bruder oder Freund, für Tobias ist er einfach ein guter Mensch. Was also ist Rafael? Gott oder Mensch? Vielleicht beides – weil wir Menschen Gottes Bild sind. Weil Gott durch Menschen wirkt, in denen sein Geist der Freundschaft spürbar wird. So erfährt Tobias durch seinen Begleiter Rafael Gottes schützende und heilende Nähe.

Gott hat keine anderen Hände als die der guten Engel von Sarajewo oder Kalkutta – oder auch unsere. Gott hilft ja den Hungernden in Kalkutta nicht so, dass er Reis regnen ließe, nein, aber aufmerksame Menschen spüren in ihrem Herzen, was Gottes Wille ist, und sie helfen im Geiste Gottes. In solchen Menschen können die Armen und auch wir etwas von Gottes Liebe ahnen, sie sind Engel. In diesem Sinn ist ein Engel nicht ein unsichtbares Wesen neben uns, das vielleicht einen Moment nicht aufpasst – und dann passiert ein Unfall, nein, ein Engel ist jemand, durch den Gott zu uns spricht oder uns beisteht. Und wenn es so viel Leid auf der Welt gibt, liegt das auch daran, dass es zu wenige Engel gibt oder dass *wir* zu wenig auf Gottes Willen hören und Engel der anderen sind.

Liebe Eltern, Großeltern und Paten, *Sie* können Engel für Ihr Kind sein, wenn Gottes Geist der Liebe durch Sie wirkt. Wie das geht – Engel sein? Das Buch Tobit zeigt es. Ein guter Engel sind Sie, wenn Sie Ihr Kind oder andere Kinder auf ihren Wegen begleiten und ihnen selbstlos raten. Engel sind Sie, wenn Sie ähnlich wie Rafael Menschen seelisch heilen oder ihnen die Augen öffnen. Sie sind ein Engel, wenn Sie das unaufdringlich und ohne Blick auf einen eignen Vorteil tun: der gemeinsame Weg, die Freundschaft und manchmal der Dank sind ein reicher Lohn.

Und auch das sagt die alte Geschichte Eltern heute: Wenn eure Söhne und Töchter erwachsen werden, dann lasst sie los, dass sie ihren Weg gehen: Gott wird sie schützen – durch gute Freunde, die sie begleiten. Sie werden – reifer geworden – zu euch zurückkehren und sogar eure Ängste und Blindheiten heilen.

Freuen Sie sich, dass Sie für N. und vielleicht für andere Kinder gute Engel sein dürfen, und danken Sie den Menschen, die für Sie auf einem schwierigen Stück Weg gute Engel waren oder für Ihr Kind einmal gute Engel sein werden.

Fürbitten:

Gott, unser guter Wille stößt schnell an Grenzen dessen, was uns möglich ist. In diesem Bewusstsein bitten wir dich:

◈ für Tobias (N.): schütze ihn auf seinem Lebensweg und sende zu ihm immer wieder gute Menschen, die ihn begleiten und die ihm selbstlos raten ...

◈ für uns, die Eltern und Paten: hilf uns, Tobias (N.) eine beschützte Kindheit zu schenken, gib uns den Mut, ihn frei zu lassen, wenn er älter wird, und öffne uns die Augen für das, was Tobias braucht ...

◈ für alle Menschen, die uns auf unserm Lebensweg begleiteten, und für alle, die Tobias einmal begleiten werden: lass uns dankbar ihre Hilfe anerkennen und vergilt ihnen alles Gute ...

Lied: Du mein Schutzgeist, Gottes Engel

FEIER DES SAKRAMENTS
(Siehe: Die Feier der Kindertaufe)

ABSCHLIESSENDE RITEN
(Siehe: Die Feier der Kindertaufe)

Impuls:
Wir hören einen Text von Rudolf Otto Wiemer: Es müssen nicht Männer mit Flügeln sein (s. o., S. 59)

Einleitung zum Vaterunser:
Vater im Himmel, wir danken dir. Wir danken dir für alle guten Engel, die uns und andere begleiten. Wir danken dir für den Frieden und alle Freude, die du durch sie verbreitest. Wir danken dir für Jesus: er trägt deine Züge und strahlt deine Liebe aus. Mit allen Engeln und Heiligen preisen wir dich und singen vertrauensvoll ...

Vaterunser

Segen

Lied:
Dass du mich einstimmen lässt

Vorbemerkung und Vorbereitungen

Zum Thema Füße werden zwei Tauffeiern mit unterschiedlichem Akzent vorgestellt. In der ersten Feier »Stell dich auf die Füße!« geht es um Füße als Symbol des Lebens und die Aufforderung, im Glauben auf eigenen Füßen zu stehen. In der zweiten Feier »Er lasse deine Füße nicht wanken!« liegt der Akzent auf der Bitte um Halt aus dem Glauben. Entsprechend unterschiedlich sind die Bibeltexte, Gebete und Fürbitten.

In der ersten Feier nimmt ein Gespräch mit Kindern seinen Ausgang von verschiedenen Schuhen und dem, was sie zeigen. Die Kinder und/oder die Eltern und Paten schreiben ihre (Für-)Bitten auf Füße aus Papier. In der zweiten Feier ist nur eine Predigt für Erwachsene vorgesehen; während der Predigt können Kinder Füße aus Papier gestalten. Die Erwachsenen können Füße aus Papier bereits mit den Fürbitten mitbringen. Bei beiden Feiern können die Füße aus Papier im Mittelgang der Kirche ausgelegt oder zu den Fürbitten auf ein Plakat befestigt werden.

Im folgenden Materialteil werden Bibeltexte, andere Texte und Lieder angeboten, die in beiden Tauffeiern zur Auswahl benutzt werden können.

Bibelstellen

Lesung aus dem Buch Exodus:

Mose weidete die Schafe und Ziegen seines Schwiegervaters. Eines Tages trieb er das Vieh über die Steppe hinaus und kam zum Gottesberg Horeb. Dort erschien ihm der Engel des Herrn in einer Flamme, die aus einem Dornbusch emporschlug. Er schaute hin: Da brannte der Dornbusch und verbrannte doch nicht. Mose sagte: Ich will dorthin gehen und mir die außergewöhnliche Erscheinung ansehen. Warum verbrennt denn der Dornbusch nicht?

Als der Herr sah, dass Mose näher kam, um sich das anzusehen, rief Gott ihm aus dem Dornbusch zu: Mose, Mose! Er antwor-

tete: Hier bin ich. Der Herr sagte: Komm nicht näher heran! Leg
deine Schuhe ab; denn der Ort, wo du stehst, ist heiliger Boden.
Dann fuhr er fort: Ich bin der Gott deiner Väter. Da verhüllte
Mose sein Gesicht; denn er fürchtete sich, Gott anzuschauen.
Der Herr sprach: Ich habe das Elend meines Volkes gesehen und
ihre laute Klage über ihre Antreiber habe ich gehört. Ich kenne
ihr Leid. Ich will sie befreien. Jetzt geh! Ich sende dich. Führe
mein Volk heraus!

AUS EX 3,1–10

Aus dem Buch der Psalmen:
Wer im Schutz des Höchsten wohnt
und ruht im Schatten des Allmächtigen,
der sagt zum Herrn: »Du bist für mich Zuflucht und Burg,
mein Gott, dem ich vertraue.«
Er rettet dich aus der Schlinge des Jägers
und aus allem Verderben.
Er beschirmt dich mit seinen Flügeln,
unter seinen Schwingen findest du Zuflucht,
Schild und Schutz ist dir seine Treue.
Fallen auch tausend zu deiner Seite,
dir zur Rechten zehnmal tausend,
so wird es doch dich nicht treffen.
Denn der Herr ist deine Zuflucht,
du hast dir den Höchsten als Schutz erwählt.
Denn er befiehlt seinen Engeln,
dich zu behüten auf all deinen Wegen.
Sie tragen dich auf ihren Händen,
damit dein Fuß nicht an einen Stein stößt.
Weil er an mir hängt, will ich ihn retten;
ich will ihn schützen, denn er kennt meinen Namen.
Wenn er mich anruft, dann will ich ihn erhören.
Ich bin bei ihm in der Not, befreie ihn und bringe ihn zu Ehren.
Ich sättige ihn mit langem Leben
und lasse ihn schauen mein Heil.

AUS PS 91,1–16

FÜSSE

74

Aus dem Buch der Psalmen:
Ich hebe meine Augen auf zu den Bergen:
Woher kommt mir Hilfe?
Meine Hilfe kommt vom Herrn,
der Himmel und Erde gemacht hat.
Er lässt deinen Fuß nicht wanken;
er, der dich behütet, schläft nicht.
Nein, der Hüter Israels schläft und schlummert nicht.
Der Herr ist dein Hüter, der Herr gibt dir Schatten.
Der Herr behüte dich vor allem Bösen, er behüte dein Leben.
Der Herr behüte dich, wenn du fortgehst und wiederkommst,
von nun an bis in Ewigkeit.
Ps 121,1–5a. 6–8

FÜSSE

Aus dem Buch des Propheten Ezechiel:
Ez 2,1–2 (s.u., S. 82ff.)

Aus dem Evangelium nach Lukas:
Zacharias sprach: Gepriesen sei der Herr, der Gott Israels, denn
er hat sein Volk besucht und ihm Erlösung geschaffen. Er hat uns
einen starken Retter erweckt und hat das Erbarmen mit den
Vätern an uns vollendet.
Du, mein Kind, wirst dem Herrn vorangehen und ihm den Weg
bereiten. Durch die barmherzige Liebe unseres Gottes wird uns
besuchen das aufstrahlende Licht aus der Höhe, um allen zu
leuchten, die in Finsternis sitzen und im Schatten des Todes,
und unsre Schritte zu lenken auf den Weg des Friedens.
AUS LK 1,67–79

Aus dem Evangelium nach Lukas:
Jesus ging in das Haus eines Pharisäers, der ihn zum Essen ein-
geladen hatte, und legte sich zu Tisch.
Als nun eine Sünderin, die in der Stadt lebte, erfuhr, dass er im
Haus des Pharisäers bei Tisch war, kam sie mit einem Alabaster-
gefäß voll wohlriechendem Öl und trat von hinten an ihn heran.
Dabei weinte sie und ihre Tränen fielen auf seine Füße. Sie trock-

nete seine Füße mit ihrem Haar, küsste sie und salbte sie mit dem Öl.

Als der Pharisäer das sah, dachte er: Wenn er wirklich ein Prophet wäre, müsste er wissen, was das für eine Frau ist, von der er sich berühren lässt; er wüsste, dass sie eine Sünderin ist.

Da wandte sich Jesus an ihn und sagte: Simon, ich möchte dir etwas sagen. Er erwiderte: Sprich, Meister!

FÜSSE

Jesus sagte: Ein Geldverleiher hatte zwei Schuldner; der eine war ihm fünfhundert Denare schuldig, der andere fünfzig. Als sie ihre Schulden nicht bezahlen konnten, erließ er sie beiden. Wer von ihnen wird ihn nun mehr lieben? Simon antwortete: Ich nehme an, der, dem er mehr erlassen hat. Jesus sagte zu ihm: Du hast Recht. Dann wandte er sich der Frau zu und sagte zu Simon: Siehst du diese Frau? Als ich in dein Haus kam, hast du mir kein Wasser zum Waschen der Füße gegeben; sie aber hat ihre Tränen über meinen Füßen vergossen und sie mit ihrem Haar abgetrocknet. Du hast mir zur Begrüßung keinen Kuss gegeben; sie aber hat mir, seit ich hier bin, unaufhörlich die Füße geküsst. Du hast mir nicht das Haar mit Öl gesalbt; sie aber hat mir mit ihrem wohlriechenden Öl die Füße gesalbt. Deshalb sage ich dir: Ihr sind ihre vielen Sünden vergeben, weil sie mir so viel Liebe gezeigt hat. Wem aber nur wenig vergeben wird, der zeigt auch nur wenig Liebe. Dann sagte er zu der Frau: Dein Glaube hat dir geholfen. Geh in Frieden!

AUS LK 7,36–50

Aus dem Evangelium nach Johannes:

Jesus stand vom Mahl auf, legte sein Gewand ab und umgürtete sich mit einem Leinentuch. Dann goss er Wasser in eine Schüssel und begann, den Jüngern die Füße zu waschen und mit dem Leinentuch abzutrocknen, mit dem er umgürtet war.

Als er zu Simon Petrus kam, sagte dieser zu ihm: Du, Herr, willst mir die Füße waschen? Jesus antwortete ihm: Was ich tue, verstehst du jetzt noch nicht; doch später wirst du es begreifen.

Petrus entgegnete ihm: Niemals sollst du mir die Füße waschen!

Jesus erwiderte ihm: Wenn ich dich nicht wasche, hast du keinen Anteil an mir.

Da sagte Simon Petrus zu ihm: Herr, dann nicht nur meine Füße, sondern auch die Hände und das Haupt. Jesus sagte zu ihm: Wer vom Bad kommt, ist ganz rein und braucht sich nur noch die Füße zu waschen.

Als er ihnen die Füße gewaschen, sein Gewand wieder angelegt und Platz genommen hatte, sagte er zu ihnen: Begreift ihr, was ich an euch getan habe? Ihr sagt zu mir Meister und Herr und ihr nennt mich mit Recht so; denn ich bin es. Wenn nun ich, der Herr und Meister, euch die Füße gewaschen habe, dann müsst auch ihr einander die Füße waschen. Ich habe euch ein Beispiel gegeben, damit ihr so handelt, wie ich an euch gehandelt habe.

AUS JOH 13,4–15

Aus der Apostelgeschichte:

Paulus und Barnabas kamen nach Lystra. Dort verkündeten sie das Evangelium.

In Lystra war ein Mann, der von Geburt an gelähmt war; er saß ohne Kraft in den Füßen da und hatte nie gehen können. Er hörte der Predigt des Paulus zu. Dieser blickte ihm fest ins Auge; und da er sah, dass der Mann darauf vertraute, gerettet zu werden, rief er laut: Steh auf! Stell dich auf deine Füße! Da sprang der Mann auf und ging umher.

APG 14,7–10

Lesung aus dem Brief an die Römer:

Wenn du mit deinem Mund bekennst: »Jesus ist der Herr« und in deinem Herzen glaubst: »Gott hat ihn von den Toten auferweckt«, so wirst du gerettet werden. Wer mit dem Herzen glaubt und mit dem Mund bekennt, wird Gerechtigkeit und Heil erlangen. Denn die Schrift sagt: Wer an ihn glaubt, wird nicht zugrunde gehen.

Wie sollen sie nun den anrufen, an den sie nicht glauben? Wie sollen sie an den glauben, von dem sie nichts gehört haben?

Wie sollen sie hören, wenn niemand verkündigt? Wie soll aber jemand verkündigen, wenn er nicht gesandt ist? Darum heißt es in der Schrift: Wie schön sind die Füße derer, die den Frieden verkündigen!

Aus Röm 10,9–15

Andere Texte

Geh deinen Weg

Deine Füße mögen sich nicht begnügen mit den breiten Boulevards und eleganten Prachtstraßen des Lebens.

Sie mögen sich nicht verirren im bedrohlichen Labyrinth des Verlangens und nicht endlose Rundwege zurücklegen im eigenen Ich.

Suche deinen Weg auf verlässlichen Spuren, gelegt und erprobt von Menschen, denen du folgen willst.

Orientiere dich an Zeichen am Weg, die das Ziel des Lebens anzeigen.

Lasse dich auf Menschen ein, die mit dir dieses Ziel erreichen wollen.

Geh den Weg deines Lebens, auch wenn du stolperst und Abgründe schaust, bleib dir treu, lege deine Spur, damit dir andere folgen können.

Birgitt und Werner Knubben

Spuren im Sand

Ich träumte eines Nachts:

Ich ging am Meer entlang mit meinem Herrn.

Und es entstand vor meinen Augen, Streiflichtern gleich, mein Leben.

Für jeden Abschnitt meines Lebens sah ich im Sand zwei Spuren.

Eine gehörte mir, die andere meinem Herrn.

Nachdem das letzte Bild vorbeigeglitten war,

sah ich zurück und ich erkannte,

dass in den schwersten Zeiten meines Lebens

nur eine Spur zu sehen war.

Ich wandte mich verwirrt an meinen Herrn:
Du hast mir doch versprochen, du würdest immer bei mir sein.
Doch in den tiefsten Nöten meines Lebens
seh ich nur eine Spur im Sand.
Warum hast du mich gerade dann verlassen,
wenn ich dich ganz verzweifelt brauchte?
Der Herr nahm meine Hand:
Mein liebes Kind, nie ließ ich dich allein,
schon gar nicht in der Zeit von Angst und Not.
Wo du nur ein Spur im Sand erkennst,
sei ganz gewiss: Da hab ich dich getragen.
NACH MARGARET FISHBACK POWERS

✳ ✳ ✳

Für dich sind sie noch kleine Kinder.
Aber ihre Schuhe zeigen, dass sie schon bald eigene Wege
gehen.
Aufhalten kannst du sie nicht. Du kannst für das Schuhwerk
sorgen.
Und Gott bitten, dass er deinen Kindern sichere Wege gibt
und verlässliche Freunde.
(Unbekannter Verfasser)

✳ ✳ ✳

Sind so kleine Hände, winz'ge Finger dran,
darf man nie drauf schlagen, die zerbrechen dann.
Sind so kleine Füße mit so kleinen Zeh'n,
darf man nie drauf treten, könn' sie sonst nicht gehn.
Sind so kleine Ohren, scharf und ihr erlaubt,
darf man nie zerbrüllen, werden davon taub.
Sind so kleine Münder, sprechen alles aus,
darf man nie verbieten, kommt sonst nichts mehr raus.
Sind so klare Augen, die noch alles sehn,
darf man nie verbinden, können sie nichts mehr sehn.

Sind so kleine Seele, offen und ganz frei,
darf man niemals quälen, gehen kaputt dabei.
Ist so'n kleines Rückgrat, sieht man fast noch nicht,
darf man niemals beugen, weil es sonst zerbricht.
Gerade, klare Menschen wär'n ein schönes Ziel,
Menschen ohne Rückgrat gibt es schon zu viel.
BETTINA WEGENER

Stichworte

Bevor der Mensch zum Menschen wurde, waren seine Füße Pfoten,
die Zehen Klauen. Die Evolution richtete uns auf, streckte die Füße
nach vorn, damit sie den aufrechten Körper stützen können. Die Füße
machten uns zu schnellen Verfolgern und wurden unsere Fluchthel-
fer. – Unsere Vorfahren meinten, der Fuß übertrage dem Boden Kräfte. – Wer ein Land eroberte, setzte seinen Fuß darauf und zeigte so
seinen Anspruch. Feinden stellte man den Fuß auf den Kopf. – In
Hollywood stecken Schauspieler ihren Fuß in flüssigen Beton des
Sunset-Strip: sie hinterlassen ewige Spuren.
Das Ausziehen der Schuhe zeigt Demut.

Redensarten

Mit dem falschen Fuß aufstehen
Auf dem falschen (linken) Fuß erwischt werden
Mit Füßen treten
Auf die Füße fallen
Fuß fassen
Mit einem Fuß im Gefängnis sein
Auf freien Fuß setzen
Wieder auf den Füßen sein
Auf wackligen Füßen stehen
Jemandem vor die Füße laufen
Auf großem Fuß leben
Den Boden unter den Füßen verlieren
Kalte Füße bekommen
Sich zu Füßen werfen.

Vorbemerkungen und Vorbereitungen

Füße sind auf vielfältige Weise Zeichen des Lebens und Symbole des Glaubens. Abraham will seinen Gästen die Füße waschen, Mose zieht am Dornbusch die Schuhe aus; die Psalmen vertrauen darauf, dass Gott die Füße nicht wanken lässt; Maria sitzt zu Füßen des Meisters. Jesus wäscht seinen Jünger die Füße und zeigt nach seiner Auferstehung den Jüngern seine Hände und Füße. Gott fordert den Propheten Ezechiel auf: Stell dich auf die Füße! Dasselbe sagt Paulus zu einem Gelähmten.

Diese Aufforderung greift die Tauffeier auf.

Für das Gespräch mit den Kindern werden verschiedene Schuhe bereit gehalten, z.B. Kinderschuh, Turnschuh, Frauenschuh, Sandale, Gummistiefel, Pantoffel.

Zu den Fürbitten können Füße aus buntem Papier vorher ausgeschnitten und mit den Bitten beschrieben werden oder die Kinder malen in einem Nebenraum während der Predigt die Umrisse ihrer Schuhe auf Papier, schneiden sie aus und schreiben eine Bitte darauf. Dann sind entsprechend viele bunte Papierbogen, Stifte und Scheren bereit zu stellen.

ZUR TAUFFEIER

EINGANGSRITEN
Lied: Du hast uns, Herr, gerufen

Begrüßung:
Liebe Eltern, Sie haben als Thema dieser Tauffeier gewählt: Stell dich auf die Füße! Beim Propheten Ezechiel ist dies eine Aufforderung, Gott auf Augenhöhe zu begegnen und selbstbewusst zu sein.

Jesus fordert mehrfach Menschen auf, aufzustehen, oder er richtet sie auf. Er will sie nicht drücken, unterdrücken, niederdrücken, im Gegenteil, er achtet die Freiheit und Selbständigkeit der Menschen.

Auch sonst sind Füße auf vielfältige Weise Symbole des Glaubens. (Hier kann auf die Beispiele in den Vorbemerkungen S. 81 Bezug genommen werden.)

Über die Füße als Zeichen des Glaubens und der Würde wollen wir heute ein wenig nachdenken. Doch zunächst stellen Sie uns die Täuflinge vor, die noch nicht auf eigenen Füßen stehen können.

Vorstellung der Tauffamilien und Befragung der Paten
Bezeichnung mit dem Kreuz

Gebet:

Gott, heute sind die Kinder N. und N. noch darauf angewiesen, dass die Eltern sie in die Kirche tragen. Bald aber wollen sie auf eigenen Füßen stehen. Sie sollen aufrechte Menschen werden. Dazu bitten wir um deine Hilfe durch Christus.

WORTGOTTESDIENST

Aus dem Buch des Propheten Ezechiel:

Der Herr sagte zu mir: Stell dich auf deine Füße, Menschensohn; ich will mit dir reden.

Als er das zu mir sagte, kam Gottes Geist in mich und stellte mich auf die Füße. Und ich hörte den, der mit mir redete.

Ez 2,1–2

Gespräch mit den Kindern:

(Kinder werden zum Gespräch nach vorne gerufen.)

(Stoffschühchen zeigen.) Schaut euch einmal dies hier an ...

Bald bekommen die Taufkinder größere Schühchen. Warum größer?

(Kinderschuh zeigen.) Wem würde dieser Stiefel passen?

Hier habe ich noch andere Schuhe ... (Turnschuh)

Und das hier ... (Frauenschuh mit hohem Absatz) Was ist das für ein Schuh?

(Gummistiefel) Dieser Schuh sagt etwas über das Wetter.

(Pantoffel) ...

So wie ihr größer werdet, so werden eure Füße und Schuhe

größer. Und mit diesem Schuh (Turnschuh) kann man besser und weiter gehen als mit diesem (Stoffschühchen).

Manche Menschen haben keine Schuhe, sie gehen barfuß …

Wozu sind die Schuhe nützlich? (Evtl. zusätzlich: wenn Scherben auf der Straße liegen … Wenn man in den Bergen klettert … Wenn der Boden im Bad glatt ist …) Die Schuhe schützen, sie geben Halt.

Mit Schuhen kann man besser auf eigenen Füßen stehen und durch das Leben gehen. Für den Lebensweg der Taufkinder habt ihr eure Füße auf Papier gemalt, ausgeschnitten und darauf geschrieben, was ihr den Kindern für ihren Lebensweg wünscht. Nachher könnt ihr es vorlesen, bis dahin geht zu euren Plätzen!

(Oder: Ihr könnt jetzt – im Nebenraum – eure Schuhe auf diese bunten Papierbogen aufmalen und ausschneiden; darauf schreibt ihr eure Wünsche für die Taufkinder.)

Aus dem Evangelium nach Johannes:

Zu einem Fest ging Jesus hinauf nach Jerusalem. In Jerusalem gibt es beim Schaftor einen Teich, zu dem fünf Säulenhallen gehören; dieser Teich heißt auf Hebräisch Betesda. In diesen Hallen lagen viele Kranke, darunter Blinde, Lahme und Verkrüppelte (die auf die Bewegung des Wassers warteten. Ein Engel des Herrn stieg zu bestimmter Zeit in den Teich hinab und brachte das Wasser zum Aufwallen. Wer dann als Erster hineinstieg, wurde gesund, an welcher Krankheit er auch litt). Dort lag ein Mann, der schon achtunddreißig Jahre krank war. Als Jesus ihn dort liegen sah und erkannte, dass er schon lange krank war, fragte er ihn: Willst du gesund werden? Der Kranke antwortete ihm: Herr, ich habe keinen Menschen, der mich in den Teich trägt, sobald das Wasser aufwallt. Während ich mich hinschleppe, steigt schon ein anderer vor mir hinein. Da sagte Jesus zu ihm: Steh auf, nimm deine Bahre und geh!
JOH 5,1–8

Predigt:

Liebe Eltern,

heute haben Sie Ihre Kinder in die Kirche getragen. Die kleinen Füße sind noch zu schwach, als dass Ihre Kinder darauf stehen könnten. Aber bald werden N. und N. sich aufrichten wollen und schwankend und unsicher auf eigenen Füßen stehen. Etwas später machen N. und N. die ersten Schritte, selbst wenn sie anfangs dabei fallen. Als Jugendliche werden sie vielleicht Reisen machen – so weit die Füße tragen, und als junge Erwachsene mehr und mehr auf eigenen Füßen stehen wollen. Sie als Eltern werden diesen Weg in die Selbständigkeit vielleicht manchmal mit Freude begleiten, denn Sie wissen, dass Kinder selbständig werden müssen. Aber natürlich machen Eltern sich manchmal auch Sorgen: Ob ihr Kind nicht auf zu großem Fuße lebt, den Boden unter den Füßen verliert, auf dem Holzweg ist, in eine Sackgasse oder Schlinge gerät oder einen Umweg macht. Dennoch muss jeder junge Mensch letztlich seinen Weg selbst finden.

Vorbild für ein Verhalten, das begleitet und freigibt, kann nach meiner Überzeugung Jesus sein. Jesus ist seinen Weg gegangen, er hat ihn den Jüngern erklärt, er hat sie eingeladen, mitzugehen, aber er hat seinen Weg nicht um des Beifalls der Menschen willen aufgegeben, und er hat niemanden an sich gefesselt, gezwungen oder gedrängt, sondern die Menschen, die ihm folgten, bei Meinungsverschiedenheiten oder Enttäuschungen gefragt: Wollt ihr gehen?

Ausdrücklich steht vielfach in der Bibel die Aufforderung: Stell dich auf die Füße! Oder: Steh auf! Das dürfen wir auch im übertragenen Sinn verstehen: Gott will, dass wir Menschen aufrecht leben. Früher küssten Diener den Herren die Füße, und Sieger setzten ihren Fuß auf den Kopf der Besiegten, um sie zu demütigen. Jesus lebt und handelt ganz anders. Er wäscht seinen Jüngern die Füße, denn er kam nicht, um zu herrschen, sondern um zu dienen. Ausdrücklich will er seinen Jüngern damit ein Beispiel geben. Betrachten Sie Ihre Erziehung in der Nachfolge Jesu als Dienst an Ihrem Kind, nie als Machtkampf!

Liebe Eltern, Sie (oder die Kinder) haben Füße ausgeschnitten und gute Wünsche für den Lebensweg von N. und N. darauf geschrieben. Ich lade zuerst die Kinder/Eltern und Paten ein, ihre Wünsche, ihre Bitten vor Gott und uns auszusprechen, danach werden alle, die es möchten, einen Fuß auf den Plakatkarton heften.

Fürbitten:
Gott, alle deine Werke sind wunderbar. Wir bitten dich:

- ◈ gib den Füßen von N. und N. Halt ...
- ◈ richte N. und N. auf, wenn sie müde oder gefallen sind ...
- ◈ lass aus N. und N. aufrechte Menschen werden ...
- ◈ gib uns die Kraft, die Kinder in die Selbständigkeit und Freiheit zu entlassen ...
- ◈ ermutige die Kinder, nach Enttäuschungen wieder neu zu beginnen ...

Lied:
Steh auf, bewege dich
Oder: Herr, geh mit

FEIER DES SAKRAMENTS
(Siehe: Die Feier der Kindertaufe)

Thematisch formuliertes Taufbekenntnis:
Widersagt ihr dem Bösen?
- Wir widersagen.
Widersagt ihr dem Missbrauch der Macht und der Demütigung anderer?
- Wir widersagen.
Widersagt ihr den Schlingen der Verführung zum Bösen?
- Wir widersagen.

Nun frage ich nach unserem christlichen Glauben:
Glaubt ihr an Gott, den Ursprung allen Lebens, der uns als aufrechte Menschen nach seinem Bild geschaffen hat?
- Wir glauben.
Glaubt ihr Jesus Christus, der unser Leben teilte, der den Menschen diente und uns so ein Beispiel gab?

– Wir glauben.
Glaubt ihr an den Heiligen Geist, in dem neues Leben immer wieder gelingt und beginnt?
– Wir glauben.

(Apostolisches Glaubensbekenntnis)

FÜSSE

ABSCHLIESSENDE RITEN
(Siehe: Die Feier der Kindertaufe)

Einleitung zum Segen:
Gott, vor den Taufkindern liegt ein weiter Weg. Schütze und begleite sie und gib ihren Füßen Halt durch Christus.

Segen:
Segne dieses Kind und hilf uns, ihm zu helfen (s. o., S. 39, besonders die Strophe: ... dass es gehen lernt mit seinen eigenen Füßen)

Lied:
Möge die Straße ...
Oder: Zeige uns den Weg

Vorbereitungen

Wenn einige Kinder an der Tauffeier teilnehmen, werden sie eingeladen, vorher Füße auszuschneiden und damit einen Weg in der Kirche zu gestalten; oder die Eltern kleben auf ein Plakat den kleinen Fuß des Täuflings und bei den Fürbitten die Füße der Eltern und Paten mit den Bitten daneben.

ZUR TAUFFEIER

Eingangsriten
Lied: Du hast uns, Herr, gerufen

Begrüßung:
Herzlich willkommen zur Taufe von N. und N.! Sie haben die Taufe unter das Thema Füße gestellt. Dadurch lenken Sie unsere Aufmerksamkeit auf Teile unseres Körpers, die wir meist kaum beachten, solange sie nicht schmerzen.

Dabei sind unsere Füße ein Wunderwerk aus 28 Knochen, mehr als 30 Gelenken und über 100 Sehnen und Bändern. Allein an den Fußsohlen enden 72 000 Nervenbahnen. — Die Füße haben viel zu tragen; sie ermöglichen es uns, aufrecht an einen andern Ort zu gehen. Über die Füße ist der ganze Mensch zu erreichen: die Fußreflexzonenmassage behandelt über den Fuß andere kranke Körperteile. Die Füße können Unsicherheit zeigen, sie hinterlassen Spuren, die einem Fährtenleser sagen, wer dort war. –

Wer heute hier ist, um getauft zu werden, das wollen wir jetzt erfahren.

Vorstellung der Tauffamilien und Befragung der Paten
Bezeichnung mit dem Kreuz

Gebet:

Gott, öffne unsere Augen und Herzen, so dass wir in den Werken der Schöpfung die Spuren deiner Größe und Fantasie ahnen. So bitten wir durch Jesus, unsern Bruder und Herrn.

Oder: Gott, ein kleines Kind ist ein Wunder. Wir staunen und wir möchten das Beste für N. und N. tun. Doch wir sind manchmal unsicher. Wir bitten dich: Gib den Kindern Halt und schütze ihre Wege. So bitten wir durch Christus.

FÜSSE

WORTGOTTESDIENST

Lesung aus dem Buch der Psalmen:

Ich hebe meine Augen empor zu den Bergen:
woher kommt mir Hilfe?
Meine Hilfe kommt vom Herrn,
der Himmel und Erde gemacht hat.
Er lässt deinen Fuß nicht wanken;
er, der dich behütet, schläft und schlummert nicht.
Der Herr behüte dich vor allem Bösen, er behüte dein Leben.
Der Herr behütet dich, wenn du fortgehst und wiederkommst,
von nun an bis in die Ewigkeit.
AUS PS 121,1–3.7 f.

Lied:

Herr, geh mit
Oder: Kommt herbei (Strophe 2: Er allein ist letzter Halt)

Aus dem Evangelium nach Lukas:

Zacharias sprach: Gepriesen sei der Herr, der Gott Israels,
denn er hat sein Volk besucht und ihm Erlösung geschaffen.
Du, Kind, wirst dem Herrn vorangehen und ihm den Weg bereiten.
Durch die Liebe Gottes wird uns besuchen das aufstrahlende Licht aus der Höhe, um allen zu leuchten, die in Finsternis sitzen und im Schatten des Todes, und unsere Füße zu lenken auf den Weg des Friedens.
AUS LK 1,67–79

Predigt:

Liebe Eltern,

nach der Geburt haben Sie den Körper Ihres Kindes angeschaut – von Kopf bis Fuß – und über den kleinen Menschen gestaunt: die winzigen Öhrchen, die Fingerchen und die kleinen Zehen. Heute – nach ein paar Wochen oder Monaten – ist Ihr Kind schon gewachsen; wenn Sie es baden, sehen Sie es deutlich. Inzwischen sind vielleicht sogar die ersten Babysachen und Schühchen zu klein geworden.

Vor einiger Zeit sah ich in einem Fernsehbericht, wie wichtig es ist, dass Kinder für ihre Füße die richtigen Schuhe haben: In zu weiten Schuhen haben sie keinen Halt, aber die Füße dürfen auch nicht in enge Schuhe gepresst werden.

Ist es nicht in der Erziehung genauso? Wenn die Erziehung Kindern keine Regeln vermittelt, fehlt ihnen der Halt; wenn die Erziehung aber zu eng ist, verkrüppeln die Kinder — wie Füße in zu engen Schuhen. Das erfordert immer neu Aufmerksamkeit.

Die Füße entwickeln sich – ebenso die Kinder: Es gibt eine Zeit, Kinder auf den Arm zu nehmen, weil die eigenen Füße noch nicht tragen, später nehmen Eltern ihr Kind an der Hand, und wieder später gilt es, das Kind laufen zu lassen. Schließlich muss es auf eigenen Füßen stehen. Wenn ein Mensch 70 Jahre alt wird, ist er im Durchschnitt etwa 160 000 km zu Fuß gegangen, das wäre vier Mal um die Erde. Die Füße müssen eine Menge leisten! Sie haben eine tragende Rolle. Kein Wunder, dass sie manchmal müde werden oder dass man fußkrank wird!

Wenn ein Mensch alt wird oder der Boden glatt ist, werden die Füße manchmal unsicher und rutschen aus. Auch wenn wir aus anderen Gründen unsicher sind, kann man es an den Füßen sehen, wie jemand auftritt. So war es im Psalm, den wir eben hörten: Jemand ist unsicher und schaut aus nach Hilfe. Da erinnert er sich: Gott lässt seine Füße nicht wanken, er schützt ihn. Tatsächlich ist es so: Wie ein Schuh dem Fuß Halt gibt, so kann der Glaube dem Menschen inneren Halt geben.

Und bei der Glaubenserziehung ist es wie bei den Füßen: anfangs, heute bei der Taufe, trägt der Glaube der Eltern die Kinder; langsam lernen die Kinder erste kleine Gebete; viele Kinder mögen am Abend ein festes Ritual – und dazu kann ein kindgerechtes Gebet gehören. Später gehen die Kinder an Ihrer Hand bei besonderen Anlässen in die Kirche. Bei der Erstkommunionvorbereitung gehen sie in der Gemeinschaft vieler anderer Kinder mit; später wollen die Jugendlichen selbst entscheiden, ob sie z.B. Messdiener werden, zur Kirche, zu einer Veranstaltung im Jugendheim oder zur Firmung gehen. In dieser Entwicklung gilt: Religiöse Vollzüge wollen dem jungen Menschen wie ein Schuh einen Rahmen und Schutz geben, aber sie sollen nicht einengen, sonst will er sich davon befreien. N. und N. sollen im Glauben Halt finden. Gerade wenn der Lebensweg einmal abschüssig oder schwer werden sollte, hilft der Glaube, dass wir den Boden nicht unter den Füßen verlieren – so wie gutes Schuhwerk auf einer Wanderung im Gebirge.

Ich bete mit Ihnen, dass die Füße Ihrer Kinder nicht wanken, sondern oft tanzen vor Freude, dass sie ihren Weg gehen – und dass der Glaube ihnen Halt gibt und Wege zu den Menschen, Wege des Friedens führt. Ihre Wünsche stehen auf Füßen aus Papier; einige Wünsche sollen laut vorgelesen werden, danach heften wir alle Füße zu den kleinen Füßen der Taufkinder.

Fürbitten:

Gott, du hast uns wunderbar geschaffen. Wir bitten:

◈ mach uns aufmerksam für die Spuren deines Wirkens in der ganzen Schöpfung und besonders in unseren Kindern …

◈ gib N. und N. Halt und schütze uns alle auf unseren Wegen …

◈ verlass uns gerade dann nicht, wenn uns der Boden unter den Füßen wankt …

◈ lass N. und N. einmal mit beiden Füßen im Leben stehen, ohne andern auf die Füße zu treten …

Denn du hast alles gut gemacht. Wir preisen dich durch Christus.

Lied:

Den Weg wollen wir gehen
Oder: Zeige uns den Weg

FEIER DES SAKRAMENTS
(Siehe: Die Feier der Kindertaufe)

ABSCHLIESSENDE RITEN
(Siehe: Die Feier der Kindertaufe)

Vor der Verabschiedung:
Die Achtsamkeit für die kleinen Füße und Finger, gerade für die kleinen Menschen hat Bettina Wegener in einem Gedicht ausgedrückt, das Sie nun vorlesen wollen: Sind so kleine Hände, winz'ge Finger dran (s. o., S. 79f.).

Einleitung zum Segen:
Gott, die Füße führen die Familien N. und N. hinaus. Begleite sie auf allen Wegen durch Christus.

Segen:
Segne dieses Kind und hilf uns, ihm zu helfen (s. o. S. 39, besonders die Strophe: ... dass es gehen lernt mit seinen eigenen Füßen)

Lied:
Möge die Straße

Variationsmöglichkeit
Wenn man das Evangelium von der Fußwaschung nimmt, wird der Gedanke herausgearbeitet: Petrus will ganz zu Jesus gehören. Auch die Täuflinge sollen zu Jesus gehören. Dazu werden sie getauft, so wie Petrus die Füße gewaschen wurden. Schließlich sagt Jesus, dass er mit der Fußwaschung ein Beispiel für seine Jünger gab. Wenn die Taufkinder und wir zu Jesus gehören wollen, sind auch wir bereit, andern zu dienen.

Vorbemerkungen und Vorbereitungen

Viele junge Eltern führen nach dem Auszug aus dem Elternhaus durch Studium oder Arbeit ein modernes Nomadenleben. Wenn sie ein Kind bekommen, endet die Ungebundenheit. Die Taufe ist dann manchmal sogar der Anlass, weshalb sie zu ihrer Gemeinde ersten Kontakt aufnehmen. Sie glauben, dass ihr Kind einen geschützten Rahmen für eine gute Entwicklung braucht. Die Gemeinde kann z.B. durch Krabbelgruppen, Kindergarten oder andere Angebote zu einem wichtigen Partner junger Eltern werden.

Die folgende Tauffeier knüpft an die oben beschriebene Situation an. Zu Beginn wird die Gemeinde möglichst durch ein Mitglied des Pfarrgemeinderates begrüßt. In der Predigt sollen natürlich die konkreten Erfahrungen der Eltern, so wie sie im Taufgespräch zur Sprache kamen, aufgegriffen werden.

Symbol der Heimat kann ein Haus oder ein Nest sein. Bei einer Taufe hatten die Eltern auf das Taufheft Ahornsamen geklebt und ein Bild gestaltet: darauf war ein Baum mit Wurzeln zu sehen; um den Baum flogen die Ahornsamen. Darunter stand die indische Weisheit: »Solange die Kinder klein sind, gib ihnen Wurzeln, wenn sie größer werden, gib ihnen Flügel!« Je nach Entscheidung der Eltern wird zu den Fürbitten auf das Haus, das Nest oder auf die Samen übergeleitet.

Bibeltexte

Lesung aus dem Buch Deuteronomium:

Ist der Herr nicht dein Vater, dein Schöpfer?
Hat er dich nicht geformt und hingestellt?
Denk an die Tage der Vergangenheit,
lerne aus den Jahren der Geschichte!
Frag deinen Vater, er wird es dir erzählen,
frag die Alten, sie werden es dir sagen.
Der Herr nahm sich sein Volk als Anteil.
Er fand es in der Steppe. Er hüllte es ein, gab darauf Acht

und hütete es wie seinen Augenstern,
wie der Adler, der sein Nest beschützt
und über seinen Jungen schwebt,
der seine Schwingen ausbreitet, ein Junges ergreift
und es flügelschlagend davonträgt.
Der Herr hat sein Volk geleitet,
er führte es auf die Berge des Landes,
er nährte es mit den Früchten des Feldes,
er stillte es mit Honig aus den Felsen, mit Öl aus Felsspalten,
mit Butter von Kühen, Milch von Schafen und Ziegen,
dazu Feinmehl aus Weizen. Und mein Volk aß und wurde satt.
Aus Dtn 32,6–15

Aus dem Buch der Psalmen:
Herr, wer darf Gast sein in deinem Zelt,
wer darf weilen auf deinem heiligen Berg?
Der makellos lebt und das Rechte tut;
der von Herzen die Wahrheit sagt
und mit seiner Zunge nicht verleumdet;
der seinem Freund nichts Böses antut
und seinen Nächsten nicht schmäht;
der alle, die den Herrn fürchten, in Ehren hält;
der sein Versprechen nicht ändert,
das er seinem Nächsten geschworen hat;
der sein Geld nicht auf Wucher ausleiht
und nicht zum Nachteil des Schuldlosen Bestechung annimmt.
Wer sich danach richtet, der wird niemals wanken.
Aus Ps 15,1–5

Aus dem Buch der Psalmen:
Gott, höre mein Flehen, achte auf mein Beten!
Vom Ende der Erde rufe ich zu dir; denn mein Herz ist verzagt.
Du bist meine Zuflucht, ein fester Turm gegen die Feinde.
In deinem Zelt möchte ich Gast sein auf ewig,
mich bergen im Schutz deiner Flügel.
Aus Ps 61,2–5

Aus dem Buch der Psalmen:

Wie liebenswert ist deine Wohnung, Herr!

Meine Seele verzehrt sich in Sehnsucht nach dem Tempel des Herrn. Mein Herz und mein Leib jauchzen ihm zu, ihm, dem lebendigen Gott.

Der Sperling findet ein Haus und die Schwalbe ein Nest für ihre Jungen – meine Heimat sind deine Altäre, Herr, mein Gott. Glücklich alle, die wohnen in deinem Haus, die dich allezeit loben.

Glücklich die Menschen, die Kraft finden in dir.

NACH PS 84,2–6

Aus dem Evangelium nach Matthäus:

Jesus schickte seine Jünger aus und sagte: Wenn ihr in eine Stadt oder in ein Dorf kommt, erkundigt euch, wer es wert ist, euch aufzunehmen; bei ihm bleibt, bis ihr den Ort wieder verlasst. Wenn ihr in ein Haus kommt, dann wünscht ihm Frieden. Wenn das Haus es wert ist, soll der Friede, den ihr ihm wünscht, bei ihm einkehren. Ist das Haus es aber nicht wert, dann soll der Friede zu euch zurückkehren. Wenn man euch aber in einem Haus oder in einer Stadt nicht aufnimmt und eure Worte nicht hören will, dann geht weiter.

AUS MT 10,11–14

Aus dem Evangelium nach Lukas:

LK 9,57–59 (s.u., S.99)

Aus dem Evangelium nach Johannes:

Jesus sagte beim letzten Abendmahl zu seinen Jüngern: Im Haus meines Vaters gibt es viele Wohnungen. Wenn es nicht so wäre, hätte ich euch dann gesagt: Ich gehe, um einen Platz für euch vorzubereiten? Wenn ich gegangen bin und einen Platz für euch vorbereitet habe, komme ich wieder und werde euch zu mir holen, damit auch ihr dort seid, wo ich bin.

JOH 14,2–3

NEST

Aus dem Brief an die Philipper:
PHIL 3,20–21 (s.u., S.99)

Lesung aus dem Brief an die Hebräer:
Unsere Vorfahren im Glauben haben bekannt, dass sie Fremde und Gäste auf Erden sind. Mit diesen Worten geben sie zu erkennen, dass sie eine Heimat suchen. Hätten sie dabei an die Heimat gedacht, aus der sie weggezogen waren, so wäre ihnen Zeit geblieben zurückzukehren;
nun aber streben sie nach einer besseren Heimat, nämlich der himmlischen. Darum schämt sich Gott ihrer nicht, er schämt sich nicht, ihr Gott genannt zu werden; denn er hat für sie eine Stadt vorbereitet.
HEBR 11,13–16

Aus der Offenbarung des Johannes:
Dann sah ich einen neuen Himmel und eine neue Erde; denn der erste Himmel und die erste Erde sind vergangen, auch das Meer ist nicht mehr. Ich sah die heilige Stadt, das neue Jerusalem, von Gott her aus dem Himmel herabkommen. Da hörte ich eine laute Stimme vom Thron her rufen: Seht, die Wohnung Gottes unter den Menschen! Er wird in ihrer Mitte wohnen, und sie werden sein Volk sein; und er, Gott, wird bei ihnen sein. Er wird alle Tränen von ihren Augen abwischen: Der Tod wird nicht mehr sein, keine Trauer, keine Klage, keine Mühsal. Denn was früher war, ist vergangen. Er, der auf dem Thron saß, sprach: Seht, ich mache alles neu.
AUS OFFB 21,1–5

Andere Texte
Ziehende Landschaft
Man muss weggehen können
und doch sein wie ein Baum:
Als bliebe die Wurzel im Boden,
als zöge die Landschaft und wir ständen fest.
Man muss den Atem anhalten,
bis der Wind nachlässt
und die fremde Luft um uns zu kreisen beginnt,
bis das Spiel von Licht und Schatten,
von Grün und Blau
die alten Muster zeigt
und wir zuhause sind,
wo es auch sei,
und niedersitzen können und uns anlehnen,
als sei es das Grab
unserer Mutter.
HILDE DOMIN

Geborgenheit – Sehnsucht des Menschen
Wohin soll ich mich wenden? Mit wem darf ich mein Leid und meine Freude teilen? Wo bin ich zu Hause? Darf ich ankommen – und bleiben?

Mit Fragen wie diesen im Herzen wird der Mensch geboren. Mit diesen Fragen aus dem Grund des Daseins kommt der Mensch zur Welt. Deshalb ist der erste Laut jedes neugeborenen Kindes ein Schrei, ein durchdringend lautes, wortloses Fragen nach einem Ort der Zugehörigkeit, nach Geborgenheit, nach Gut-aufgehoben-Sein, nach Ruhe ... (Es muss nicht geschrieen werden. Es gibt die sanfte Geburt. Da ist nicht Schlag und Schrei, mit dem das freie Atmen des neuen Menschenkindes anhebt, da ist ein zärtliches Streicheln und ein leises Wimmern, der besänftigte Schrei, mit dem alles anfängt. Aber es geht um dasselbe ...)

Geborgenheit – Sehnsucht des Menschen. Findet sie keine Erfüllung, wird der Mensch krank; denn er braucht eine Bleibe. Heimat –

ein Wort, das in unseren Tagen wieder die Seele des Menschen anrührt. Schmerzlich oft. Viele Menschen haben ja keinen Menschen, kein Stück Erde. Und viele, die Menschen und Erde ihr Eigen nennen dürfen, spüren schon früh, dass der Mensch hier keine »bleibende Stätte« (Hebr 13,14) hat und sie dennoch sucht.
Marian Reke

Zelt – Haus der Leichtigkeit (zu Psalm 61)
»Lass mich Gast sein in deinem Zelt immerdar.« Eröffne mir Spielraum. Lass mich ausschwingen im mir gewährten Lebensbereich. – Dein Zelt: das ist eine weite Gebärde. Dein Zelt: das ist ein Leichtgespanntes. Dein Zelt: das lässt keine Verwurzelung zu. – Ich gehe zelten. Ich werde unterwegs sein. In deinem Zelt werde ich unterwegs sein immerdar ...

Gott: erweist er sich nicht als ein Meister der Zelte? Ist er nicht gastfrei? Liebt er nicht die Leichtigkeit des Seins, die sich dem Zelt verbunden weiß? Und liebt er nicht eine Gastlichkeit zumal für die Fremden?
Wolfgang Dietrich

Ein wenig fremd habe ich mich immer auf dieser Erde gefühlt.
Heinrich Böll

Ich habe meinen Auftrag erfüllt und bin nach Hause gegangen.
Grabinschrift von Robert Baden-Powell

Auf der Durchreise
Ein Tourist darf in einem Kloster bei Kartäusermönchen übernachten. Er ist sehr erstaunt über die spartanische Einrichtung ihrer Zellen und fragt die Mönche: »Wo habt ihr eure Möbel?«

Die Mönche fragen zurück: »Ja, wo haben Sie Ihre?«

»Meine?«, erwidert der Tourist verblüfft. »Ich bin ja nur auf der Durchreise hier!«

»Eben«, sagen die Mönche, »das sind wir auch.«
(Überlieferung)

Lieder

Gott, dein guter Segen (Strophe 3: Gott, dein guter Segen …)
Wir sind nur Gast auf Erden
Wer unterm Schutz des Höchsten
Gott baut ein Haus, das lebt
Kommt, sagt es allen weiter (Strophe 2: Sein Haus hat offne Türen)
Zeige uns den Weg
Lobe den Herren (Strophe 3: … über dir Flügel gebreitet)
Gib uns Frieden
Wenn einer sagt: Ich mag dich
Das wünsch ich sehr
Wenn du singst, sing nicht allein
Ich bin getauft
Eingeladen zum Fest des Glaubens
Kirche beginnt mit dir und mir

NEST

ZUR TAUFFEIER

EINGANGSRITEN
Lied:
Gib uns Frieden
Oder: Wenn einer sagt: Ich mag dich

Begrüßung:
Ich begrüße Sie herzlich in unserer Gemeinde St. N. Zuerst heiße ich
natürlich Eltern und Täufling willkommen. Der/die kleine N. ist
heute zum ersten Mal hier. Wir freuen uns, wenn er/sie sich in dieser Gemeinde und Kirche einmal zu Hause fühlt. – Ich begrüße die
Familien der Eltern. Da die Eltern in unsere Gemeinde zugezogen
und manche Gäste vielleicht zum ersten Mal hier sind, darf der/die
Vorsitzende unseres Pfarrgemeinderates (oder ich) Ihnen ein paar
Sätze zu unserer Kirche und unserer Gemeinde sagen. (…)

Nun kennen Sie ein wenig unsere Gemeinde und Kirche; ich bitte die Eltern nun, uns den Täufling, die Paten und ihre Erwartungen
vorzustellen.

Bezeichnung mit dem Kreuz

Gebet:

Guter Gott, das Leben der Kinder und unser aller Leben braucht einen inneren Halt. Schenke uns diesen Halt im Glauben. Darum bitten wir durch Christus.

Oder: Gott, wo wir angenommen, ja geliebt sind, da fühlen wir uns geborgen. Wir bitten dich: Schenke uns solche Beheimatung in der Gemeinschaft der Kirche. So bitten wir durch Christus.

WORTGOTTESDIENST

Aus dem Brief an die Philipper:

> Unsere Heimat ist im Himmel. Von dorther erwarten wir Jesus Christus, den Herrn, als Retter. Er wird unseren armseligen Leib verwandeln in die Gestalt seines verherrlichten Leibes.
> PHIL 3,20–21a

Orgelmusik

Aus dem Evangelium nach Lukas:

> Als Jesus und seine Jünger auf ihrem Weg weiterzogen, redete ein Mann Jesus an und sagte: Ich will dir folgen, wohin du auch gehst. Jesus antwortete ihm: Die Füchse haben ihre Höhlen und die Vögel ihre Nester; der Menschensohn aber hat keinen Ort, wo er sein Haupt hinlegen kann. – Zu einem anderen sagte er: Folge mir nach!
> LK 9,57–59a

Predigt:

Liebe Eltern, liebe Großeltern, Paten und alle Gäste,

Sie, liebe Eltern, haben sich für die heutige Tauffeier das Thema »Heimat geben« ausgewählt. Dahinter stehen Ihre Überlegungen: Es ist wichtig, dass Kinder eine Heimat haben, ein Zuhause, dass sie irgendwo Wurzeln schlagen können. Zugleich haben Sie sich gefragt: Wo haben wir selbst eine Heimat? Und: Wie können wir Heimat geben?

Sie haben sich erinnert … (hier wird auf die Geschichte der Eltern Bezug genommen, z. B.: Ihre Familien sind mehrfach umgezogen, als Sie, die Eltern, noch klein waren. Manchmal hatten Sie Mühe mit dem Akzent der andern Kinder. In der Schule mussten Sie neue Freunde finden. Als Sie neun Jahre alt waren, sind Sie, Frau N., nach X gezogen und dort geblieben bis zu Ihrem Studium. Dort haben Sie Freundinnen gefunden und sind auf einem Ponyhof geritten. Sie gingen dort zur Erstkommunion, wurden Messdienerin und Lektorin und sangen im Jungen Chor. So fanden Sie in der Gemeinde eine Heimat. Bei Ihnen, Herr N., war der Fußballverein ganz wichtig, um nach mehreren Umzügen Ihrer Eltern irgendwo verwurzelt zu sein.)

Die Städte, in denen Sie beide geboren wurden, betrachten Sie nicht als Ihre Heimat, wohl aber die, wo Sie von Gruppen aufgenommen wurden. Dort wuchs zu vielen Menschen eine Beziehung, die über das Studium hinaus geblieben ist. Nun leben Sie seit ein paar Jahren hier – stark beansprucht durch Ihre Berufe. Doch ein wenig sind Sie inzwischen hier angekommen. Sie haben zu einigen Menschen in Ihrer Nachbarschaft Kontakt aufgenommen.

Liebe Eltern, liebe Gäste, in der heutigen Zeit wird Mobilität verlangt. Der Beruf der Eltern, das Studium, eigene Tätigkeiten führen dazu, dass viele Menschen oft ihre Stadt und ihre Wohnung wechseln. Das kann den Horizont erweitern. Und doch brauchen wir irgendwo ein Zuhause. Das gilt besonders für Kinder. Sie wollen N. Heimat geben. Das ist zunächst Ihre Wohnung, Ihr Haus und Garten, eine Umgebung, ein Ort, wo Ihr Kind sich auskennt und spielt. Aber der Ort allein reicht nicht. Wichtiger ist, dass N. angenommen ist, dass er/sie einen Platz im Herzen von Menschen findet, Beziehungen knüpft, Freundschaften schließt, ja Liebe erfährt. All das wird N. zuerst durch Sie, die Eltern, erfahren. Ich wünsche Ihnen, dass darüber hinaus bald ein größeres Netz von Beziehungen in Ihrer Nachbarschaft oder durch den Kindergarten und die Schule entsteht: Sie werden staunen, wie leicht Kinder ein solches Netz knüpfen.

Heute wird N. getauft. Auch dadurch geben Sie ihm/ihr eine Heimat. Taufe ist ja Aufnahme in die Kirche. Kirche – das ist äußerlich gesehen ein Ort, ein Gebäude. Kirche meint aber tiefer eine Gemeinschaft von Menschen, die ihren Glauben und ihre Hoffnung teilen, die ihr Leben an der Botschaft Jesu orientieren und bestimmte Wertvorstellungen haben, z. B. vom Wert des Lebens, über Nächstenliebe, Frieden, Gerechtigkeit und den Umgang mit der Schöpfung. Durch die Taufe wird N. in diese Gemeinschaft aufgenommen – und ich wünsche Ihnen, dass er/sie darin Wurzeln schlägt.

(Hier kann die alternative Predigt ansetzen – s. u., S. 103.)

Zur Nachfolge Jesu gehört allerdings auch das Wissen, dass wir hier auf Erden immer nur zu Gast sind. Jesus selbst hat seine Jünger darauf hingewiesen: Die Vögel haben ihre Nester und die Füchse ihre Höhlen, aber er hatte keine Bleibe, zumindest kein festes Haus. Doch er war gern bei den Geschwistern Maria, Martha und Lazarus zu Gast, weil seine Heimatstadt Nazaret ihn abgewiesen hatte. Für einige Stunden oder Tage war ihm ein solcher Ort der Ruhe und des Willkommens wichtig.

NEST

Paulus, der selbst viele Jahre auf Missionsreise war und deshalb die Gastfreundschaft besonders schätzte, weist darüber hinaus darauf hin, dass unsere eigentliche Heimat bei Gott ist: Dort sind wir wirklich angenommen und geliebt, willkommen in einer Gemeinschaft von Menschen, die uns herzlich verbunden sind.

Bis dahin ist es hoffentlich für N. noch ein weiter Weg. Zunächst braucht er/sie das schützende Zuhause (oder: Nest, so wie ein Vogel für eine gewisse Zeit ein Nest braucht. Später wird er flügge und bleibt kein Nesthocker).

Derselbe Gedanke steckt in dem indischen Sprichwort: »Solange die Kinder klein sind, gib ihnen Wurzeln, wenn sie größer werden, gib ihnen Flügel!« Ein schönes Bild dafür ist der Ahorn- (oder Linden-)samen, den Sie auf Ihr Taufheft geklebt haben: Wenn der Same keimt, braucht er einen Platz auf der Erde, wo er Wurzel schlagen kann; später werden seine Samen mit ihren Flügeln im Wind wegfliegen. Auf solche Samenflügel aus Papier haben Sie Ihre guten Wünsche für N. geschrieben. Ich lade Eltern und Paten ein, ihre Wünsche für N. vorzulesen; nachher können alle ihren Wunsch auf dieses Bild heften.

Fürbitten:

Gott, in Freude und Leid dürfen wir uns an dich wenden. So bitten
wir dich heute:

- ◈ für unsere Familie: dass sie ein Ort ist, in dem N. und wir alle
  uns geborgen fühlen ...
- ◈ für N.: dass er/sie in den Wechselfällen des Lebens immer
  einen Ort und Menschen hat, wo er/sie sich angenommen
  weiß ...
- ◈ für uns, die Eltern: dass wir N. stets so viel Geborgenheit und so
  viel Freiheit geben, wie gut für ihn/sie ist ...
- ◈ für N.: dass er/sie im Glauben an Gott und in der Nachfolge
  Jesu eine seelische Heimat findet ...
- ◈ für alle Kinder, die auf der Straße leben: dass gute Menschen
  ihnen Schutz und Liebe schenken ...

NEST

Lied:

Brot, das die Hoffnung
Oder: Wer unter dem Schutz des Höchsten
Oder: Eingeladen zum Fest des Glaubens

FEIER DES SAKRAMENTS

(Siehe: Die Feier der Kindertaufe)

ABSCHLIESSENDE RITEN

(Siehe: Die Feier der Kindertaufe)

Segensgebet:

Gott, dieses Kind dir dargebracht,
du hast es uns gegeben
nicht als Besitz, nein, nur als Pfand.
Wir legen es in deine Hand
und bitten um den Segen.
Wir kennen seine Zukunft nicht,
sein Hoffen und Verlangen.
Schenk du ihm die Geborgenheit,
die Liebe, die den Hass verzeiht.

Nimm du sein Herz gefangen.
Gib, dass sein Leben glücklich wird.
Lass es dein Wirken sehen
trotz allem Elend, Tod und Krieg.
Mach, dass es spürt: Dank deiner Lieb
wird alles neu erstehen.
EVA-MARIA TOBLER-ZELTNER

Segen

Lied:
Möge die Straße
Oder: Ich bin getauft

Skizze einer alternativen Predigt
(Wenn das Matthäusevangelium, Mt 10,11–14, genommen wird
und mehrere Kinder getauft werden:)

Das Evangelium, das Sie für die Taufe ausgesucht haben, verstehe ich in diesem Zusammenhang so: N. und N. kommen in Ihr Haus.
Sie entbieten den Gruß »Schalom«, d. h. Frieden. Sie bringen eine
Botschaft Gottes, nämlich die Botschaft, dass neues Leben möglich
ist, dass Liebe fruchtbar und jeder Mensch einmalig und liebenswert
ist. Tagore, ein Dichter aus Bangladesch, sagt: »Jedes Kind ist die
Botschaft Gottes, dass er die Welt noch nicht aufgegeben hat.« Die
Kinder bringen – einfach dadurch, dass sie da sind – eine frohe Botschaft, auf Griechisch: ein Evangelium. Sie, die Eltern, nehmen N.
und N. und ihre Botschaft mit Freude auf. Und der Segen Gottes ruht
auf Ihrem Haus, auf Ihrer Gemeinschaft. Ich wünsche N. und N.,
dass sie überall so gut aufgenommen werden: in der Nachbarschaft,
in Kindergarten und Schule, in der Gemeinde, überall, wohin sie
einmal z.B. durch Studium oder Beruf kommen. Wir wissen, das
ist nicht selbstverständlich. Und ich wünsche, dass N. und N. selbst
gastfreundliche Menschen werden, wenn andere Menschen zu
ihnen kommen. Es wird sie bereichern.

Sie haben weitere Wünsche und Bitten für N. und N.: Wir wollen
sie Gott anvertrauen und ihn um seine Hilfe für die Kinder bitten.

Vorbemerkung und Vorbereitungen

Taufe und Namensgebung gehören eng zusammen. Manche Eltern machen sich viele Gedanken, welchen Namen sie ihrem Kind geben. Manchmal erinnert er an jemanden aus der Familie, manchmal ist es der Name eines Stars; für manche ist der Klang des Namens entscheidend; überzeugt christliche Familien wählen manchmal den Namen eines oder einer Heiligen. Mit dem Namen, den die Eltern ihnen gegeben haben, werden die Menschen meist ihr Leben lang angeredet. Mit dem Namen ist dieser Mensch ganz persönlich gemeint. Es kann sich lohnen, beim Taufgespräch zu fragen, weshalb die Eltern ihrem Kind diesen Namen gegeben haben, und dies zu Beginn der Tauffeier aufzugreifen. Es gibt zahlreiche Bücher zu den Namen von Heiligen. Besonders verwiesen sei auf eine Reihe im Verlag Styria, wo seit den neunziger Jahren eine Reihe zu häufigen Vornamen erschien, die sich zum Verschenken eignet. –

Zu dieser Taufe passt es, wenn der Name des Täuflings in der Feier in das Taufbuch der Pfarre geschrieben wird.

Beim Betreten der Kirche kann eine Katechetin den Eltern den Namen ihres Kindes mit einem Filzschreiber in die Hand schreiben.

Bibeltexte

Aus dem Buch der Psalmen:

> Hilf mir, Gott, durch deinen Namen, verschaff mir Recht mit deiner Kraft!
> Gott, höre mein Flehen, vernimm die Worte meines Mundes!
> Ps 54,3–4

Gott ruft Samuel beim Namen: 1 Sam 3,3 ff.

Lesung aus dem Buch des Propheten Jesaja:

> So spricht der Herr, der dich geschaffen hat und der dich geformt hat:

Fürchte dich nicht, denn ich habe dich ausgelöst,
ich habe dich beim Namen gerufen, du gehörst mir.
(Wenn du durchs Wasser schreitest, bin ich bei dir,
wenn durch Ströme, dann reißen sie dich nicht fort.
Wenn du durchs Feuer gehst, wirst du nicht versengt,
keine Flamme wird dich verbrennen.)
Denn ich, der Herr, bin dein Gott,

ich, der Gott Israels, bin dein Retter.
Fürchte dich nicht, denn ich bin mit dir.
Vom Osten bringe ich deine Kinder herbei,
vom Westen her sammle ich euch.
Ich sage zum Norden: Gib her!,
und zum Süden: Halt nicht zurück!
Führe meine Söhne heim aus der Ferne,
meine Töchter vom Ende der Erde!
Denn jeden, der nach meinem Namen benannt ist,
habe ich zu meiner Ehre erschaffen, geformt und gemacht.
AUS JES 43,1–7

Mein Volk sagt: Der Herr hat mich verlassen, Gott hat mich
vergessen.
Kann denn eine Frau ihr Kindlein vergessen, eine Mutter ihren
leiblichen Sohn? Und selbst wenn sie ihn vergessen würde:
ich vergesse dich nicht.
Sieh her: Ich habe dich eingezeichnet (oder: eingeschrieben)
in meine Hände, dein Bild habe ich immer vor Augen.
AUS JES 49,14–16

Man ruft dich mit einem neuen Namen,
den der Mund des Herrn für dich bestimmt.
Nicht länger nennt man dich »Die Verlassene«
und dein Land nicht mehr »Das Ödland«,
sondern man nennt dich »Meine Wonne«
und dein Land »Die Vermählte«.
Denn der Herr hat an dir seine Freude.
AUS JES 62,2–4

Zusammenstellung von Jesajatexten mit leichten Überarbeitungen
(s. u., S. 109)

Aus dem Evangelium nach Lukas:
Freut euch darüber, dass eure Namen im Himmel verzeichnet
sind.
AUS LK 10,20

Andere Texte
Namen
Ich habe einen Vornamen. So heiße ich. Ich mit meinem Gesicht und
diesem Körper, ich mit diesem Wesen und diesen Anlagen, ich mit
diesen Freuden und Sorgen. Ich darf so sein. So wie ich bin.
  Es ist schön, dass ich mein eigenes Leben habe. Danke.
  Ich habe einen Nachnamen. So heißt unsere Familie. Unsere
Familie mit Vater und Mutter. Wir haben alle denselben Namen, weil
wir alle zusammengehören.
  Es ist schön, dass ich nicht alleine zu leben brauche. Danke.
  Ich trage deinen Namen. Ich bin getauft und darf ein Christ sein.
Du hilfst mir zu leben und meine Mitmenschen zu lieben. Mit dir
habe ich immer Hoffnung.
  Es ist schön, dass ich getauft bin und zu dir gehöre. Danke.
(Quelle unbekannt)

Dieses Haus voll Menschen –
weißt du, wer sie sind?
Ich darf es hoffen.
Hast du uns gezählt,
kennst du uns mit Namen?
Dann bist du der Einzige.
HUUB OOSTERHUIS

Legende vom Vergissmeinnicht

Als Gott, der Herr, die Erde erschaffen hatte und sah, dass alles gut war, beschloss er, jedem Ding einen Namen zu geben. Die stolze Blume mit Dornen nannte er Rose, die gelbe Frühjahrsblume Narzisse, den stämmigen Baum Eiche und, und, und …

Als er so jedem einen Namen gegeben hatte, sagte er: Diesen Namen sollt ihr für alle Zeit tragen, damit jeder von euch als mein einmaliges Geschöpf zu erkennen ist. Legt euch zur Ruh und erwacht im Bewusstsein, dass ihr einen Namen habt.

NAMEN

Gott Vater wollte schon weggehen, als er ein kleines piepsiges Stimmchen hörte: Lieber Vater, lieber Vater, du hast mich ganz vergessen, du hast mich übersehen. Mir hast du noch keinen Namen gegeben. Als er sich umsah, erblickte er eine kleine blaue Blume am Wegesrand, die er zuvor nicht beachtet hatte. Er entschuldigte sich und sagte: Du bist so unscheinbar, dass ich dich übersehen habe. Damit dir und mir das nie wieder passiert, gebe ich dir den Namen … (Welchen?) Vergissmeinnicht.

Und so heißt die kleine blaue Blume bis heute.
(Quelle unbekannt)

Taufsymbole als Hoffnungszeichen
(s. o., S. 35)

Weiteres Material und Redensarten

Künstlername, Pseudonym, Deckname
Markenname, Firmenname
Die Dinge beim Namen nennen
Im Namen des Volkes, des Gesetzes
Taufe geschieht im/auf den Namen des Vaters usw.
Herrscher gaben abhängigen Fürsten einen neuen Namen
Der Papst, Ordensleute geben sich einen neuen Namen
Einem Stern oder Tier einen Namen geben
Namensmagie: Rumpelstilzchen
(Straßen-)Namen geben Orientierung, z.B. Kirchstraße, Bahnhofstraße

Lieder

Du hast uns, Herr, gerufen
Gott liebt diese Welt
Ein Danklied sei dem Herrn (Strophe 3)
Das wünsch ich sehr
Ich trage einen Namen

Ich habe einen Namen

ZUR TAUFFEIER

EINGANGSRITEN

Lied: Du hast uns, Herr, gerufen

Begrüßung:

Liebe Eltern, beim Taufgespräch haben wir über den Namen Ihres Kindes gesprochen. Der (die) Heilige N. lebte ... Von ihm/ihr wird erzählt ... Sie haben diesen Namen gewählt, weil N. ein Vorbild für Ihr Kind sein soll.

Oder: Liebe Eltern, beim Taufgespräch haben wir über den Namen Ihres Kindes gesprochen. Ich habe Ihnen vorgeschlagen, dass Sie heute bei der Taufe allen mitteilen, warum Sie diesen Namen für Ihr Kind gewählt haben. (Sofern der/die Täuflinge Geschwister haben, werden auch ihre Namen noch einmal ausgesprochen und erklärt.)

Daran kann sich die Erklärung der Eltern anschließen, dass sie ihr Kind taufen lassen möchten und warum sie dies wünschen.

Bezeichnung mit dem Kreuz

Gebet:

Gott, N. ist für seine Eltern und alle, die ihn/sie mögen, nicht bloß eine Nummer oder ein namenloser Mensch in einer Masse von Milliarden anderen. Wir bitten dich: Schau her, schenke N. deine Liebe und vergiss seinen/ihren Namen nicht. Wir bitten dich darum durch Jesus Christus, unsern Bruder und Herrn.

WORTGOTTESDIENST

Lesung aus dem Buch des Propheten Jesaja:

So spricht der Herr, der dich geschaffen hat und der dich formte: Fürchte dich nicht, denn ich habe dich ausgelöst, ich habe dich bei deinem Namen gerufen, du gehörst mir. Mein Volk sagt: »Der Herr hat mich verlassen, Gott hat mich vergessen.« Kann denn eine Frau ihr Kindlein vergessen, eine Mutter ihren leiblichen Sohn? Und selbst wenn sie ihn vergessen würde: ich vergesse dich nicht!

Sieh her: Ich habe dich eingezeichnet (oder eingeritzt) in meine Hände, dein Bild habe ich immer vor Augen.

Jes 43,1–2;49,14–16

Predigt:

Liebe Eltern, Ihr Kind ist einmalig.

Seine/ihre Erbanlagen und bald sein/ihr Gesicht, seine/ihre Stimme, sein/ihr Gang – alles ist einmalig. So einmalig, dass Kriminalisten heute an einem einzigen Haar, einem Tropfen Blut oder Speichel erkennen können, von wem es ist. Sein/ihr Name ist Ausdruck dieser Einmaligkeit. Selbst wenn es andere Menschen geben sollte, die genau so heißen: Wenn Sie den Namen Ihres Kindes rufen, wird es sich persönlich angesprochen fühlen.

Sie sind die Ersten, die N. so ansprechen.

Bald machen es die Verwandten, die Freunde und Freundinnen, die andern Kinder im Kindergarten und in der Schule, Erzieherinnen und Lehrer ebenso. Später darf nicht mehr jeder oder jede ihn/sie mit dem Vornamen anreden; das dürfen nur die, die eine persönliche Beziehung zu ihm/ihr haben. Für ganz gute Bekannte hat er/sie vielleicht sogar einen Kosenamen.

Schließlich wird der Kreis der Menschen, mit denen N. zusammenlebt, so groß, dass sich nicht mehr alle persönlich mit Namen kennen. Wenn dann z.B. der Schulleiter ihn/sie mit Namen anspricht, ist er/sie vielleicht stolz: Er kennt mich. Oder er/sie fühlt sich erwischt, weil er/sie nicht in der namenlosen Schülerschar untertauchen kann. Wenn jemand uns mit dem Namen anspricht, gibt es kein Ausweichen.

Der Name begleitet einen Menschen durch das ganze Leben. Manchen bedeutet es viel, wenn ihr Name als Straßenname oder als Name einer Stiftung oder wie auch immer nach dem Tod weiterlebt.

(Die Juden erhielten in den Konzentrationslagern der Nazis eine Nummer; sie wurden nicht mehr mit Namen angesprochen. Heute wird von den ermordeten Juden wenigstens der Name in den Gedenkstätten aufgeschrieben, damit er nicht untergeht.)

Der Name sagt manches über die Person: die Vornamen Ali oder Antonio lassen uns die Herkunft ahnen. Manche Menschen sind Träger eines berühmten Familiennamens. Wenn wir jemanden näher kennen lernen wollen, stellen wir uns mit Namen vor und fragen vielleicht nach dem Namen.

Der Name ist Ausdruck der Individualität und der Würde eines Menschen und zugleich Ausdruck des Wunsches nach Anerkennung und Ansehen. Das wird in Redensarten deutlich, wenn wir sagen: Jemand hat sich einen Namen oder seinem Namen alle Ehre gemacht. Oder er hat einen Namen zu verlieren. Oder: Name bürgt für Qualität.

(Der Name kann sagen, wer diese Person ist. Deshalb fragt Mose Gott nach seinem Namen. Aber Gott ist unfassbar, nicht in Worte zu fassen. Er weist die Frage zurück: Was fragst du mich nach meinem Namen? Nur das versichert Gott dem Mose: Ich bin für dich da.)

(Entsprechend hat Allah im Islam 100 Namen, z.B. der Allbarmherzige, der Allgütige usw. Der hundertste Name ist unbekannt – bis ans Ende der Zeit. Auch das bedeutet: Allah ist nicht in unseren Worten fassbar, er bleibt ein Geheimnis.)

Manchmal passiert es mir in den letzten Jahren, dass ich Menschen begegne, die ich kenne, aber mir fällt der Name nicht mehr ein. Das ist mir peinlich, denn das wird leicht so verstanden, als ob ich diesen Menschen vergessen hätte, als ob er mir nicht wichtig gewesen wäre. Solche Angst steht wohl hinter der Sorge gläubiger Juden in Not, wenn sie sagen: Gott hat unseren Namen vergessen, das heißt: er hat uns vergessen. Darauf antwortet der Prophet Jesaja mit der Zusage, die wir eben hörten:

So spricht der Herr: Ich rufe dich bei deinem Namen, denn du bist mein. Und denen, die sagen: Es verließ mich der Herr, mein Gott hat mich vergessen, antwortet er: Vergisst denn eine Mutter ihr Kind? Erbarmt sie sich nicht ihres Sohnes? Selbst wenn sie vergessen würde: Ich vergesse dich nicht! Deinen Namen habe ich auf meine Hand geschrieben.

In manchen Übersetzungen steht: Ich habe deinen Namen in meine Hand geritzt. Mich erinnert das an Eltern, die sich den Namen ihres Kindes auf die Brust tätowieren ließen zum Zeichen dafür: ihr Leben lang soll ihr Kind ihrem Herzen nah sein. –

Liebe Eltern, liebe Großeltern und Gäste, der Name Ihres Kindes, der Name N., ist auch ohne Tattoo in Ihr Herz (und heute auf Ihre Hand geschrieben), sie werden ihn nie vergessen. Dieser Name wird (jetzt/am Ende der Feier/heute) in das Taufbuch unserer Gemeinde geschrieben. Das soll nicht nur ein bürokratischer Akt sein, sondern zugleich ein Zeichen dafür: Er/sie gehört zu dieser Gemeinde – unwiderruflich. Und durch die Taufe ist er/sie mit Jesus verbunden, der seinen Jüngern versicherte, dass ihre Namen ins Buch des Lebens geschrieben sind. Wir dürfen hoffen, dass Gott selbst N. nicht vergisst, sondern ihm/ihr Aufmerksamkeit und Liebe schenkt – so wie Jesus; bei dessen Taufe öffnete sich damals der Himmel und Gott sprach: Du bist mein Sohn, den ich liebe.

Einen offenen Himmel und die Liebe Gottes und der Menschen, die seinen/ihren Namen kennen, das wünschen wir N. heute. Amen.

Fürbitten:
Gott, du kennst N. und uns alle mit Namen. Wir bitten dich:
◈ lass N. durch die Liebe seiner/ihrer Eltern erfahren, dass du ihn/sie liebst …
◈ stärke sein/ihr Vertrauen auf deine Liebe besonders in schweren Stunden …
◈ hilf ihm/ihr so zu leben, dass er/sie sich seines Namen nie schämen muss …
◈ schenke ihm/ihr viele Freunde und Freundinnen, die ihn/sie mögen …

Ich habe einen Namen
Oder: Ich trage einen Namen
Oder: Das wünscht ich sehr

FEIER DES SAKRAMENTS
(Siehe: Die Feier der Kindertaufe)

Thematisch formuliertes Taufbekenntnis:
Widersagt ihr dem Bösen?
– Wir widersagen.
Widersagt ihr dem Bösen,
das sich versteckt in namenloser Masse?
– Wir widersagen.
Widersagt ihr dem Bösen,
das die Würde anderer verletzt?
– Wir widersagen.

Nun frage ich nach unserem christlichen Glauben:
Glaubt ihr an Gott, den Ursprung allen Lebens,
der ein Geheimnis bleibt und der für uns da ist?
– Wir glauben.
Glaubt ihr an Jesus Christus, der unser Leben teilte
und unsere Namen ins Buch des Lebens schreibt?
– Wir glauben.
Glaubt ihr an den Heiligen Geist,
den Geist, der jeden Menschen erfüllt,
der uns untereinander in Liebe verbindet
und in dem neues Leben immer wieder gelingt und beginnt?
– Wir glauben.

(Apostolisches Glaubensbekenntnis)

ABSCHLIESSENDE RITEN
(Siehe: Die Feier der Kindertaufe)

Einleitung zum Segen:

(Eltern sprechen) Gott, wir danken dir für unser Kind ...

Es ist kein anonymes Geschöpf, denn sein Name ist für immer in deine Hand geschrieben. Dein Ja zu ihm gilt ohne Ende. Da, wo wir selbst schwach werden und versagen, vielleicht schuldig werden an N., kann er/sie trotzdem nicht verloren gehen. Denn du bist da.

Segen:

Es segne N., Eltern, Paten und alle, die seinen/ihren Namen kennen, der gütige Gott: der Vater, der Sohn und der Heilige Geist.

Lied:

Ein Danklied sei dem Herrn (Strophen 1 und 3)

Vorbemerkungen

Wer etwas von Kunst versteht, erkennt an einem Bild oder an einem Musikstück den Meister. Aber nicht nur Künstler, nein, jeder Mensch hinterlässt Spuren durch sein Leben – und in seinem Leben bleiben Spuren der Vergangenheit. Kinderzeichnungen zeigen Psychologen die Ängste, Leiden oder Träume der Kinder, die sie in Worten nicht ausdrücken können. Personalchefs verlangen einen handgeschriebenen Lebenslauf, denn sie wollen nicht nur sehen, was da geschrieben steht, sondern auch, wie es geschrieben ist. Der Schreiber offenbart sich indirekt, die Schrift ist Ausdruck seiner Persönlichkeit. – Mehr oder weniger deutlich zeigt jedes persönliche Werk etwas von dem, der es machte, zeigt seine Handschrift, trägt seine Spuren, offenbart etwas von seinem Inneren.

Gibt es auch Spuren Gottes in der Welt? Ihn selbst kann niemand sehen – das hat schon Mose erfahren, der nur seinen Rücken sah, also gleichsam die Spuren, die Gott in der Schöpfung hinterlässt. Gott zieht in Jesus eine neue Spur in dieser Welt, und Jesus selbst hat Spuren hinterlassen – durch sein Leben und Glauben. Er sah am Werk die Spuren dessen, der es gemacht hat. Er sah die Vögel des Himmels und glaubte: Gott ernährt die Vögel – wie viel mehr uns! Er sah die Schönheit der Blumen des Feldes und sah darin, wie gut Gott seine Geschöpfe ausstattet. Ein wenig Wasser am Brunnen wird zum Zeichen des Lebens, das Gott schenkt. So entdeckt Jesus Gottes Spuren. Der Petrusbrief fordert uns auf, Jesu Spuren zu folgen. Die Taufe ist dazu der Beginn.

Bibeltexte

Lesung aus dem Buch Exodus:

> Mose entgegnete dem Herrn: Woran soll man erkennen, dass ich und dein Volk deine Gnade gefunden haben? Doch wohl daran, dass du mit uns ziehst. Der Herr erwiderte Mose: Was du verlangt hast, will ich tun; denn du hast nun einmal meine Gnade gefunden und ich kenne dich mit Namen.

Da sagte Mose: Lass mich doch deine Herrlichkeit sehen! Der Herr gab zur Antwort: Ich will meine ganze Schönheit vor dir vorüberziehen lassen und den Namen des Herrn vor dir ausrufen. Weiter sprach er: Du kannst mein Angesicht nicht sehen; denn kein Mensch kann mich sehen und am Leben bleiben. Dann sprach der Herr: Hier, diese Stelle da! Stell dich an diesen Felsen!

Wenn meine Herrlichkeit vorüberzieht, stelle ich dich in den Felsspalt und halte meine Hand über dich, bis ich vorüber bin. Dann ziehe ich meine Hand zurück und du wirst meinen Rücken sehen. Mein Angesicht aber kann niemand sehen.
AUS EX 33,15–23

Aus dem Evangelium nach Johannes:
JOH 1,35–43 (s.u., S.121f.)

Aus dem 1. Petrusbrief:
Christus hat für euch gelitten und euch ein Beispiel gegeben, damit ihr seinen Spuren folgt. Er hat keine Sünde begangen und in seinem Mund war kein trügerisches Wort. Ihr hattet euch verirrt wie Schafe, jetzt aber seid ihr heimgekehrt zum Hirten eurer Seelen.
AUS 1 PETR 2,21–25

Andere Texte

Was ich mir für die Zukunft wünsche, für meine eigene und die der Welt? – Dass das Göttliche weniger geizte mit Zeichen seiner Gegenwärtigkeit.
EUGÈNE IONESCO

Eine fremde Spur

Es ist etwas, das ich fühle,
etwas, das nicht ins Bewusstsein dringt.
Auf den Steinen steht es geschrieben,
ich kann es nicht entziffern.

Der Himmel spiegelt es, ich bin blind.
Manchmal lacht es, manchmal weint es.
Immer ist es voll Unruhe,
immer sehnt es sich.
Oft durchkreuzt es
schmerzhaft meine Pläne.
Nie gradlinig,
nie zielstrebig,
Irrweg an Irrweg,
Bruch an Bruch.
Mitten durch mein Leben
verläuft eine fremde Spur.
WOLFGANG POEPLAU

Wanderer, es sind deine Spuren
Wanderer, es sind deine Spuren der Weg,
und weiter nichts;
Wanderer, es gibt keinen Weg,
man macht den Weg, indem man geht.
Indem man geht,
macht man den Weg,
und indem man zurückblickt,
sieht man den Pfad,
der nie wieder getreten werden soll.
Wanderer, es gibt keinen Weg,
sondern Spuren auf dem Meer.
ANTONIO MACHADO

Ich möchte ein Magnolienbaum sein
jeden Mai blühen
Eine Nachtigall möchte ich sein
mit süßer Stimme
Oder ein Berg

von der Sonne umarmt
reingewaschen vom Regen
endlose Gipfelschau
Ein Jahrtausendleben.

Nein
kein Magnolienbaum möchte ich sein
keine Nachtigall
auch kein Berg
Ich will ich sein
Menschen lieben
Weltspuren folgen
Und wenn der Sprachgeist erlaubt
mit einigen Worten
meinen Tod überleben.
ROSE AUSLÄNDER

Das einzig Wichtige im Leben sind die Spuren der Liebe, die wir
hinterlassen, wenn wir weggehen.
ALBERT SCHWEITZER

Spuren im Sand
(s. o., S. 79)

Sehnsucht
am Ende
eine Spur
zu sein
RICHARD EXNER

Spurensuche

Viele Gruppen bleiben vor der Vertiefung in der Mauer stehen. Sie lassen sich – nicht weit vom Österreichischen Hospiz an der Via Dolorosa in Jerusalem – den dort eingelassenen Stein erklären: Beim genaueren Hinsehen könne der Handabdruck Jesu entdeckt werden, den er auf seinem Kreuzweg hinterlassen habe, als er sich erschöpft aufstützte, erzählt der Führer. Auf dem Ölberg die gleiche naive Legende: Der junge Moslem zeigt für ein paar Shekel den Fußabdruck Jesu. Hier habe sich der Nebi Issah (Prophet Jesus) abgestoßen und sei zu Allah emporgehoben worden. Tatsächlich: Er hat Spuren hinterlassen. Gute Spuren, denen zu folgen sich immer wieder Menschen aufmachen. Sie stehen in krassem Gegensatz zu jenen blutigen Spuren, die eine finstere und fantasielose Politik zu allen Zeiten hinterlassen hat. Die Namen der dafür Verantwortlichen sollten wir schleunigst vergessen. Leider werden sie im säkularen Geschichtsunterricht als die »Großen« gelehrt und gelernt – immer noch. Es gilt, sich an wichtigere Namen zu erinnern.

Wir haben nicht die Wahl, Spuren zu hinterlassen oder nicht. Daran erinnern uns in ihrem naiven Dasein die Steine. Wir haben nur die Möglichkeit zu entscheiden, ob sie Spuren der Hoffnung und des Lebens sind oder der Zerstörung und der Verzweiflung. Im Land der Bibel finden wir heute beides: Blut und Hoffnung, Leben und Tod. Denn im Land der Bibel geht die Vergangenheit Arm in Arm mit der Gegenwart – zum Verwechseln ähnlich.

WILHELM BRUNERS

Verschiedene Stichworte

Straßen sind gespurte Wege – sie geben Sicherheit, aber manche Menschen verlassen ausgetretene Spuren
Loipen werden gespurt
Mit dem Rad in die Spur einer Straßenbahn kommen
Spuren auf der Festplatte des PC
Auf der Schallplatte waren Ton-Spuren
Spuren am Himmel: Flugzeugkondensstreifen
Duftspuren

SPUREN

Schnitzeljagd: Spuren legen
Indianer als Fährtensucher/Spurenleser: Wer ist heute Fährtensucher in einer unübersichtlichen Welt?
Die Spur verlieren
Eine Spur wird durchkreuzt
Wer eine Spur hinterlässt, ist nicht mehr da; die Spur bleibt
Spuren sieht man, wenn man zurückblickt

Welche Spur hinterlasse ich? Was bleibt von mir?
Spuren sind Kontaktpunkte zwischen dem, der Spuren hinterlässt, und einem Hinter-/Untergrund (Schnee, Sand, Schlamm)
Spuren anderer in meinem Leben
Das Leben hinterlässt Spuren im Gesicht (Knef: Bügelt mir die Falten nicht aus dem Gesicht; ich habe zu sehr darum gelitten)
Narben sind Spuren vergangener Verletzungen – Thomas fragt Jesus nach seinen Wundmalen: Wunden als Zeichen der Identität
Spuren der Geschichte
Spuren des Lebens in einer Baumscheibe
Spüren, Gespür, verspüren
Nur eine Spur (Salz)
Spuren

Lieder

Den Weg wollen wir gehen
Zeige uns den Weg
Laudato si
Möge die Straße (Irisches Segensgebet)
Fröhlich gehe ich
Freunde, dass der Mandelzweig
Gott, dafür will ich dir Danke sagen
Überall sehen wir deine Spuren
Wir haben Gottes Spuren festgestellt

ZUR TAUFFEIER

EINGANGSRITEN
Lied: Kommt herbei

Begrüßung:

SPUREN

Liebe Eltern und Paten, Großeltern und Gäste,
   schon ein kleines Kind hinterlässt Spuren: Sie sehen sie an seinem Gesicht und auf dem Tisch, wenn es gegessen hat, oder Sie bemerken eine kleine Wasserlache. Auch wenn die Spuren der Erwachsenen oft weniger auffallen: Wir alle hinterlassen ständig Spuren – mit nassen Schuhen oder im Schnee, aber ebenso durch ein Wort, das andere verletzt oder aufrichtet, oder durch eine Hand, die Halt gibt oder gar schlägt. Sie, die Eltern, hinterlassen Spuren im Leben Ihres Kindes. – Auch Jesus hat in unserer Welt Spuren hinterlassen, Spuren, die uns die Orientierung erleichtern. Durch die Taufe kommt Ihr Kind in Jesu Spur. Stellen Sie uns Ihr Kind nun bitte vor!

Vorstellung der Tauffamilien und Befragung der Paten
Bezeichnung mit dem Kreuz

Gebet:

Gott, du bist unfassbar. Aber manchmal entdecken wir deine Spuren in unserer Welt. Öffne unsere Augen und Herzen und mach uns bereit, deinem Sohn Jesus zu folgen, der unter den Menschen lebte – und der heute in unserer Mitte ist. Wir preisen dich durch ihn, Christus, unsern Herrn.

WORTGOTTESDIENST
(Die Kinder werden zum Gespräch nach vorne eingeladen.)
Stellt euch vor: Im Winter wurde im Kindergarten eingebrochen. Eine Kindergärtnerin hat es zuerst gesehen, als sie morgens kam. Sie hat sofort die Polizei angerufen. Der Polizist am Telefon sagte: Verändern Sie nichts. Warum wohl? –
   Dann kam ein Polizist und begann zu suchen. Wonach suchte er?

Der Polizist ging zuerst außen um den Kindergarten herum ...
(Warum?)

Er sah im Schnee vier Fußspuren zu einem Fenster, zwei Füße zeigten in die Richtung zum Kindergarten, zwei Füße in die andere Richtung ... Das Fenster war eingeschlagen ... (Jetzt wusste er ...)

Am Fenster hat er nach Fingerabdrücken gesucht ...

In einem Raum lag eine fremde Kappe. Der Einbrecher war nicht mehr da, aber er hatte Spuren hinterlassen. Die Spuren verraten vieles, auch wenn der Mensch lange fort ist. Ein paar Tage später sagte der Polizist der Kindergartenleiterin: »Wir sind dem Täter auf der Spur.« Was meinte er?

Auch wer nicht mehr da ist, hinterlässt oft Spuren. Dadurch kann man später noch etwas herausfinden.

Auch wenn ein Kind vermisst wird, sucht die Polizei nach Spuren; vielleicht setzt sie Hunde ein ... Der Spürhund folgt den Spuren.

(Manchmal findet man Spuren aus lange vergangener Zeit. In der Nähe wurden bei Straßenarbeiten in der Erde Spuren der Römer gefunden. Was kann das sein? Vielleicht werden sie in ein Museum gebracht – und wenn wir die Waffen, das Geschirr und die anderen Dinge sehen, dann wissen wir ein wenig, wie sie gelebt haben.)

Nicht nur Verbrecher hinterlassen Spuren, nein, alle hinterlassen Spuren.

Auch Jesus hat Spuren hinterlassen. Und einige Leute sind ihm gefolgt. Sie wollten etwas über ihn wissen. So steht es im Evangelium des Johannes:

Aus dem Evangelium nach Johannes:

Am Tag darauf stand Johannes dort und zwei seiner Jünger standen bei ihm. Als Jesus vorüberging, richtete Johannes seinen Blick auf ihn und sagte: Seht, das Lamm Gottes! Die beiden Jünger hörten, was er sagte, und folgten Jesus.

Jesus aber wandte sich um, und als er sah, dass sie ihm folgten, fragte er sie: Was wollt ihr? Sie sagten zu ihm: Meister –, wo wohnst du? Er antwortete: Kommt und seht! Da gingen sie mit und sahen, wo er wohnte, und blieben jenen Tag bei ihm; es war um die zehnte Stunde.

Andreas, der Bruder des Simon Petrus, war einer der beiden, die
das Wort des Johannes gehört hatten und Jesus gefolgt waren.
Er traf zuerst seinen Bruder Simon und sagte zu ihm: Wir
haben Christus gefunden.
Am Tag darauf wollte Jesus nach Galiläa aufbrechen; da traf er
Philippus. Und Jesus sagte zu ihm: Folge mir nach!

AUS JOH 1,35–43

Was wollten die Jünger wissen? (…) – Deshalb folgten sie ihm.

Predigt:

Liebe Eltern und Großeltern, liebe Gäste,

ich habe mich einmal auf die Suche nach den Spuren Jesu gemacht … (Die Predigt ist in der Ich-Form geschrieben; wer noch
nicht im Heiligen Land war, kann sie leicht umformulieren im Sinne: Manche Menschen reisen nach Israel, um nach den Spuren Jesu
zu suchen.)

Ich reiste zum See Gennesaret, saß am Ufer und las in den Evange-
lien. Danach fuhr ich zu bekannten biblischen Orten: Ich war in Betle-
hem und Nazaret, Kafarnaum und Jerusalem; dort wohnte ich in der
Via dolorosa, das ist die Straße, die Jesus mit dem Kreuz ging.

So war ich auf den Spuren Jesu und seiner ersten Jünger und Jüngerinnen. Was habe ich gesehen?

Ich sah denselben See Gennesaret wie Jesus, sah wie er Weinstöcke, Weizen, Ölbäume und Feigen. Ich sah Schafherden mit Hirten und Fischerboote auf dem See. Ich habe die Steinplatte gesehen,
auf der die Brotvermehrung stattgefunden haben soll. Die Gegend
ist ein Paradies. Sie wäre ein Paradies, wenn die Menschen dort in
Frieden leben könnten. Aber vor 2000 Jahren wie heute ist das Land
besetzt, es gibt Unterdrückung und gewaltsamen Widerstand. Ich
habe also die Landschaft und Orte damaliger Zeit gesehen, aber –
Spuren Jesu?

Die Geburtsgrotte Jesu, der See Gennesaret, die Steinplatte, ein
altes Boot oder was immer heute gezeigt wird, sie sagen höchstens:
Hier hat der liebenswürdige Rabbi Jesus gelebt und gesprochen; in
seinen Gleichnissen erkennt man die Spuren dieser Landschaft.

Aber – ist das alles? Ich glaube, es gibt eine wichtigere Spur, nämlich seine Botschaft. Das, was Menschen damals miterlebt und auf Schriftrollen aufgeschrieben haben. Durch sie blieb erhalten, was Jesus gesagt – und gelebt hat. Er hatte Mitleid mit den Kranken und hörte einen blinden Bettler rufen, er verteidigte die Armen und die verachteten Ausländer aus Samaria; er kritisierte die Mächtigen und stellte ein Kind in den Mittelpunkt; er schloss niemanden aus, nicht einmal Aussätzige. Er lehnte Gewalt ab und teilte mit den Menschen. Und er erzählte von Gott. Von einem barmherzigen Gott. Von einem Gott, der das will, was Jesus tat. Später haben seine Jünger und Jüngerinnen erkannt: Gott ist – wie wir Jesus erlebt haben. In Jesus zieht der unfassbare Gott eine Spur in unserer Welt.

Das blieb in der Erinnerung seiner Jüngerinnen und Jünger, das gaben sie weiter – und – das setzten sie fort. Sie traten in seine Spuren. Und das tun heute noch Menschen, die ihm folgen und in seinem Geist die Nöte anderer sehen und ihnen Liebe schenken.

Auch eine solche Spur Jesu habe ich am See Gennesaret entdeckt: Dort gibt es ein Begegnungszentrum für israelische und palästinensische Kinder und Jugendliche, Behinderte und Nichtbehinderte. In gemeinsamen Tagen sprechen die jungen Menschen ohne Gewalt miteinander, sie leben und teilen miteinander. Die Christen, die diese Begegnungstage ermöglichen, folgen den Spuren Jesu oder in diesem Geschehen werden Spuren dessen sichtbar, der dort damals ähnlich handelte. –

Solche Spuren Jesu sind allerdings nicht an einen Ort gebunden. Sie können auch zu uns hier führen. Wenn wir im Geist Jesu mit andern sprechen und teilen, wenn wir Frieden stiften, dann sind wir in der Spur Jesu. Und Sie, die Eltern, Paten und Verwandten, erziehen N. im christlichen Glauben, wenn Sie N. einladen: Komm und sieh, wie schön es ist, Jesu Spur in unserer Zeit zu folgen.

Fürbitten

Gott, deine Größe übersteigt unsere Vorstellungen. Doch in Jesus ist sichtbar geworden, wie du bist. Wir bitten dich:

◈ für N.: öffne seine Ohren und sein Herz für Jesu Botschaft ...
◈ öffne seine Augen für deine Spuren in der Schöpfung ...

◈ mach uns, die Eltern und Paten, bereit, Jesu Spuren zu folgen …
◈ erfülle N. mit Freude auf seinem Weg …
◈ schenke N. Hoffnung und Kraft, wenn der Weg der Nachfolge
   schwer wird …

Lied:

SPUREN Überall sehen wir deine Spuren

FEIER DES SAKRAMENTS
(Siehe: Die Feier der Kindertaufe)

ABSCHLIESSENDE RITEN
(Siehe: Die Feier der Kindertaufe)

Einleitung zum Segen:
Gott, es kann uns Sicherheit geben, einer Spur im Schnee zu folgen.
Wenn wir Jesu Spur folgen, sind wir auf einem guten Weg. Doch
manchmal kommt uns unser Leben vor wie ein Irrgarten. Wir bitten
dich, dass wir alle Jesu Spur nie verlieren.

Oder:
Gott, öffne unsere Augen und Herzen, so dass wir in den Werken
der Schöpfung ein wenig von deiner Größe und Fantasie ahnen.

Segenslied:
Möge die Straße (Irisches Segensgebet)

Segen

Alternative:
Den Teilnehmer(innen) eine Baumscheibe überreichen: der jewei-
lige Reichtum oder Mangel an Wasser vergangener Jahre hat in die
Scheibe Spuren eingegraben.

Vorbereitungen

Wasser ist das zentrale Symbol der Taufe. In meinem Buch: Neue Taufgottesdienste (Verlag Herder, 2. Aufl. 1998) wurden bereits sechs Tauffeiern mit dem Symbol Wasser entworfen. In Ergänzung dazu hier eine Feier zum Thema Quelle und eine zum staunenswerten Leben am Lauf des Wassers.

Auf viele Möglichkeiten der Beteiligung von Kindern wurde schon hingewiesen: das Taufwasser an einer Quelle holen; zwei Blüten, von denen eine kein Wasser bekam und den Kopf hängen lässt; Kindern ein kleines Wasserfläschchen geben und mit ihnen das Taufwasser in der Taufkanne bereiten; den Kinder etwas zu trinken geben oder ein Aquarium aufstellen. Weitere Möglichkeiten: Man kann die Kinder Wassergeräusche erkennen lassen oder ihnen verschiedene Gegenstände zeigen, die mit Wasser zu tun haben, z.B. Gießkanne, Wasserhahn, Badehose usw., und so über die vielfältige Bedeutung des Wassers sprechen. – Die Fürbitten können z.B. auf blaue (Wasser-)Tropfen geschrieben und auf das Meer geklebt werden oder sie stehen auf den Blättern einer Seerose in einem See oder sie sind auf verschiedene Wassertiere geschrieben. Wenn mehrere Kinder getauft werden, können die Eltern ein eigenes (Wasser-)Tier für ihre Familie aussuchen z.B. Fisch, Seepferdchen, Seesterne, Wal; oder sie wählen ein Tier, das in Psalm 104 vorkommt. Dieses Tier kann evtl. bei der Vorstellung schon genannt werden.

All dies ist bei den beiden folgenden Feiern möglich, ohne dass eigens darauf hingewiesen wird.

Bibeltexte

Aus dem Buch der Psalmen:

Wie der Hirsch lechzt nach frischem Wasser,
so lechzt meine Seele, Gott, nach dir.
Meine Seele dürstet nach Gott, nach dem lebendigen Gott.
Wann darf ich kommen und Gottes Antlitz schauen?

Tränen waren mein Brot bei Tag und bei Nacht;
denn man sagt zu mir den ganzen Tag: »Wo ist nun dein Gott?«
Das Herz geht mir über, wenn ich daran denke:
wie ich zum Haus Gottes zog in festlicher Schar,
mit Jubel und Dank in feiernder Menge.
Flut ruft der Flut zu beim Tosen deiner Wasser,
all deine Wellen und Wogen gehen über mich hin.
Bei Tag schenke der Herr seine Huld;
ich singe ihm nachts und flehe zum Gott meines Lebens.
Meine Seele, warum bist du betrübt und bist so unruhig in mir?
Harre auf Gott; denn ich werde ihm noch danken,
meinem Gott und Retter, auf den ich schaue.
AUS PS 42,2–12

Aus dem Buch Sacharja:
An jenem Tag wird aus Jerusalem lebendiges Wasser fließen,
eine Hälfte zum Meer im Osten und eine Hälfte zum Meer im
Westen; im Sommer und im Winter wird es fließen.
SACH 14,8

Aus dem Evangelium nach Johannes:
Jesus kam zu einem Ort in Samarien, der Sychar hieß. Dort befand
sich der Jakobsbrunnen. Jesus war müde von der Reise und setzte
sich daher an den Brunnen; es war um die sechste Stunde.
Da kam eine samaritische Frau, um Wasser zu schöpfen. Jesus
sagte zu ihr: Gib mir zu trinken! Seine Jünger waren nämlich in
den Ort gegangen, um etwas zum Essen zu kaufen. Die samaritische Frau sagte zu ihm: Wie kannst du als Jude mich, eine
Samariterin, um Wasser bitten? Die Juden verkehren nämlich
nicht mit den Samaritern.
Jesus antwortete ihr: Wenn du wüsstest, worin die Gabe Gottes
besteht und wer es ist, der zu dir sagt: Gib mir zu trinken!, dann
hättest du ihn gebeten, und er hätte dir lebendiges Wasser gegeben.
Sie sagte zu ihm: Herr, du hast kein Schöpfgefäß, und der Brunnen ist tief; woher hast du also das lebendige Wasser?

Jesus antwortete ihr: Wer von dem Wasser trinkt, das ich ihm geben werde, wird niemals mehr Durst haben; vielmehr wird das Wasser, das ich ihm gebe, in ihm zur sprudelnden Quelle werden, deren Wasser ewiges Leben schenkt.
AUS JOH 4,5–14

Aus dem Evangelium nach Johannes:
Am letzten Tag des Festes, dem großen Tag, stellte sich Jesus hin und rief: Wer Durst hat, komme zu mir, und es trinke, wer an mich glaubt. Wie die Schrift sagt: Aus seinem Inneren werden Ströme von lebendigem Wasser fließen. Damit meinte er den Geist, den alle empfangen sollten, die an ihn glauben.
JOH 7,37–39

Aus der Offenbarung des Johannes:
Ich sah einen neuen Himmel und eine neue Erde; denn der erste Himmel und die erste Erde sind vergangen, auch das Meer ist nicht mehr.
Ich hörte eine laute Stimme rufen: Seht, die Wohnung Gottes unter den Menschen! Er wird in ihrer Mitte wohnen, und sie werden sein Volk sein; und er, Gott, wird bei ihnen sein.
Er wird alle Tränen von ihren Augen abwischen: Der Tod wird nicht mehr sein, keine Trauer, keine Klage, keine Mühsal. Denn was früher war, ist vergangen.
Und Gott sprach: Seht, ich mache alles neu.
Ich bin der Anfang und das Ende. Wer durstig ist, den werde ich umsonst aus der Quelle trinken lassen, aus der das Wasser des Lebens strömt.
AUS OFFB 21,1–6

Andere Texte
Wasser lehrt das rechte Leben
Einen Weisen im alten China fragten einmal seine Schüler: Du stehst nun schon so lange vor diesem Fluss und schaust ins Wasser. Was siehst du denn da?

Der Weise gab keine Antwort. Er wandte den Blick nicht ab von dem unablässig strömenden Wasser. Endlich sprach er: Das Wasser lehrt uns, wie wir leben sollen. Wohin es fließt, bringt es Leben und teilt sich aus an alle, die seiner bedürfen. Es ist gütig und freigebig. Die Unebenheiten des Geländes versteht es auszugleichen. Es ist gerecht. Ohne zu zögern in seinem Lauf, stürzt es sich über Steilwände in die Tiefe. Es ist mutig. Seine Oberfläche ist glatt und ebenmäßig, aber es kann verborgene Tiefen bilden. Es ist weise. Felsen, die ihm im Lauf entgegenstehen, umfließt es. Es ist verträglich. Aber seine sanfte Kraft ist Tag und Nacht am Werk, das Hindernis zu beseitigen. Es ist ausdauernd. Wie viele Windungen es auch auf sich nehmen muss, niemals verliert es die Richtung zu seinem ewigen Ziel, dem Meer, aus dem Auge. Es ist zielbewusst. Und sooft es auch verunreinigt wird, bemüht es sich doch unablässig, wieder rein zu werden. Es hat die Kraft, sich immer wieder zu erneuern. Das alles, sagte der Weise, ist es, warum ich auf das Wasser schaue. Es lehrt mich das rechte Leben.

AUS CHINA

Namen
Der Planet müsste Meer heißen
Er ist mehr Wasser als Erde.
JOSÉ EMILIO PACHECO

Du kannst
Du kannst der erste Ton in einem Liede sein,
das alle Grenzen selbst vergessen macht.
fürchte dich nicht, fürchte dich nicht,
auch wenn der Ton ein Hauch ist,
fürchte dich nicht.

(Strophe 4:)
Du kannst der erste Tropfen sein für eine Quelle,
die in der Wüste Lebenslieder singt, fürchte dich nicht,
auch wenn die Wolke noch schweigt ...
CHRISTA PEIKERT-FLASPÖHLER

muschelmaß

was
in deine kleine
pilgermuschel passt

das reicht
damit kommst du
hin

das ist genug
mehr brauchst du
nicht
an proviant
vertrau darauf

aber vergiss
das schöpfen
nie
Manfred Langner

Weitere Informationen zu Wasser

Wasser allgemein:

Wasser ist ständig in Bewegung, es zirkuliert, sonst wäre längst alles verbraucht. Sind die natürlichen Bewegungen des Wassers gestört, verliert es an Lebenskraft, es kann faulen.

Wasser verbirgt sich in nahezu jeder Materie. Es geht fast nie verloren, es kann nur mit höchster Energie zerstört werden. Nichts kann ihm auf Dauer widerstehen. Wasser kann Felsen sprengen. Eine Quelle lässt sich durch Steine nicht aufhalten.

Jede Substanz löst sich in Wasser auf; was wasserunlöslich genannt wird, löst sich nur langsamer auf.

Wasser transportiert riesige Mengen Materie, Myriaden von Organismen.

Es hat in Milliarden Jahren das Antlitz der Erde geformt und formt es weiter: es verschlingt Land und schwemmt es anderswo an.

Alles Leben kommt aus dem Wasser, ohne Wasser ist das Leben keinen Augenblick lebensfähig. Wo Wasser ist, da wächst Leben, selbst auf Felsen.

Meere:

Sieben Zehntel der Erde sind mit Wasser bedeckt. Die Meere mildern die Klimaunterschiede. Ohne Wasser würde die Erde auf der Tagseite glühen und auf der Nachtseite gefrieren. Ohne Wasser hätte die Erde die zweifache Oberflächentemperatur, die Atmosphäre den 60fachen Luftdruck und die 3000fache Menge an Kohlendioxyd, aber nur Spuren von Sauerstoff. Die Erde wäre lebensfeindlich wie die Venus. Dank des Wassers nahm auf unserem Planeten vor über drei Millionen Jahren eine unendliche Geschichte ihren Anfang: Im Wasser konnten sich, vor tödlicher UV-Strahlung geschützt, die ersten Einzeller entwickeln. Die Evolution des Lebens begann.

Die Meere sind mit ihren Fischen eine wichtige Nahrungsquelle. Die Niederschläge auf den Kontinenten stammen vom verdunsteten Wasser der Meere.

Das Meer symbolisiert Weite und Freiheit sowie Macht und Gefahr.

Mensch und Wasser:

Der Mensch trinkt im Lauf seines Lebens 60 000 Liter Wasser. Ein europäischer Haushalt verbraucht durchschnittlich 150 Liter Wasser am Tag, ein indischer 25 Liter. In Deutschland werden täglich vier Liter Wasser für Essen und Trinken verbraucht und 46 Liter für Körperpflege.

Der Weg eines Regentropfens durch die Erde zum Wasserwerk kann 30 Jahre dauern.

Ein Mensch kann nur wenige Tage auf Wasser verzichten.

Kultur entstand erst mit Bewässerungssystemen. In Persien gab es vor 2000 Jahren 40 000 unterirdische Wassertunnel von 270 000 km Länge.

Lieder

Geh zum Quell und sage
Ins Wasser fällt ein Stein
Komm, o Geist der Heiligkeit (Strophe 4)
Erfreue dich, Himmel
Laudato si
Mein Gott, wie schön ist deine Welt
Gehet nicht auf in den Sorgen (Strophe 6)
Brot, das die Hoffnung nährt (Strophe 2)
Ihr Mächtigen, ich will nicht singen (Strophe 3)
Herr, deine Güt' (Strophe 2)
Wasser ist Leben

Vorbemerkung und Vorbereitung

Gott selbst wird in der Bibel manchmal als Quelle des Lebens bezeichnet, manchmal heißt es, dass bei ihm (alle) Quellen entspringen. So liegt es nahe, das Taufsymbol Wasser unter dem besonderen Aspekt der Quelle zu thematisieren.

Wenn größere Kinder teilnehmen, holen Eltern oder Paten mit ihnen Wasser an einer Quelle und bringen es zur Taufe mit. Eventuell wird das Wasser vorher abgekocht; zur Taufe sollte es angewärmt in einer Thermoskanne mitgebracht werden. – Wenn es in der Nähe des Taufortes eine bekannte Quelle gibt, sollte natürlich darauf im Gespräch eingegangen werden. – Außerdem stehen bereit: Gläser für die Kinder und eine Flasche Mineralwasser, möglichst mit dem Wort »Quelle« im Namen oder auf dem Etikett.

Bibeltexte

Aus dem Buch der Psalmen:

Herr, deine Güte reicht, so weit der Himmel ist,
deine Treue, so weit die Wolken ziehn.
Deine Gerechtigkeit steht wie die Berge Gottes,
deine Urteile sind tief wie das Meer.
Herr, du hilfst Menschen und Tieren.
Gott, wie köstlich ist deine Huld!
Die Menschen bergen sich im Schatten deiner Flügel,
sie laben sich am Reichtum deines Hauses;
du tränkst sie mit dem Strom deiner Wonnen.
Denn bei dir ist die Quelle des Lebens,
in deinem Licht schauen wir das Licht.
Ps 36,6–10

Aus dem Buch der Psalmen:

Sie (die Menschen von Jerusalem) werden beim Reigentanz
singen: All meine Quellen entspringen in dir.
Ps 87,7

Aus dem Buch der Psalmen:

Lobe den Herrn, meine Seele! Herr, mein Gott, wie groß bist du!
Du hüllst dich in Licht wie in ein Kleid,
du spannst den Himmel aus wie ein Zelt.
Du hast die Erde auf Pfeiler gegründet;
in alle Ewigkeit wird sie nicht wanken.
Du hast den Wassern eine Grenze gesetzt,
die dürfen sie nicht überschreiten.
Du lässt die Quellen hervorsprudeln in den Tälern,
sie eilen zwischen den Bergen dahin.
Allen Tieren des Feldes spenden sie Trank,
die Wildesel stillen ihren Durst daraus.
An den Ufern wohnen die Vögel des Himmels,
aus den Zweigen erklingt ihr Gesang.
Du tränkst die Berge aus deinen Kammern,
aus deinen Wolken wird die Erde satt.
Du lässt Gras wachsen für das Vieh,
auch Pflanzen für den Menschen, die er anbaut,
damit er Brot gewinnt von der Erde
und Wein, der das Herz des Menschen erfreut,
damit sein Gesicht von Öl erglänzt
und Brot das Menschenherz stärkt.
AUS PS 104,1–15

Aus dem Buch Jesaja:

An jenem Tag wirst du sagen:
Ich danke dir, Herr, du hast mich getröstet.
Ja, Gott ist meine Rettung; ihm will ich vertrauen und niemals
verzagen. Denn meine Stärke und mein Lied ist der Herr.
Er ist für mich zum Retter geworden.
Ihr werdet Wasser schöpfen voll Freude aus den Quellen des Heils.
An jenem Tag werdet ihr sagen: Dankt dem Herrn!
Ruft seinen Namen an! Macht seine Taten unter den Völkern
bekannt, verkündet: Sein Name ist groß und erhaben!
Preist den Herrn; denn herrliche Taten hat er vollbracht;
auf der ganzen Erde soll man es wissen.
AUS JES 12,1–5

WASSER

133

Aus dem Buch Jesaja:
Die Wüste und das trockene Land sollen sich freuen,
die Steppe soll jubeln und blühen. Sie soll jubeln und jauchzen.
Man wird die Herrlichkeit des Herrn sehen, die Pracht unseres
Gottes. Macht die erschlafften Hände wieder stark und die
wankenden Knie wieder fest!

Sagt den Verzagten: Habt Mut, fürchtet euch nicht!
Seht, hier ist euer Gott!
Er selbst wird kommen und euch erretten.
Dann werden die Augen der Blinden geöffnet,
auch die Ohren der Tauben sind wieder offen.
Dann springt der Lahme wie ein Hirsch,
die Zunge des Stummen jauchzt auf.
In der Wüste brechen Quellen hervor
und Bäche fließen in der Steppe.
Der glühende Sand wird zum Teich
und das durstige Land zu sprudelnden Quellen.
AUS JES 35,1–7

Aus dem Buch Jesaja:
Die Elenden und Armen suchen Wasser, doch es ist keines da;
ihre Zunge vertrocknet vor Durst.
Ich, der Herr, will sie erhören,
ich, der Gott Israels, verlasse sie nicht.
Auf den kahlen Hügeln lasse ich Ströme hervorbrechen
und Quellen inmitten der Täler.
Ich mache die Wüste zum Teich
und das ausgetrocknete Land zur Oase.
In der Wüste pflanze ich Zedern, Akazien und Myrten.
In der Steppe setze ich Zypressen, Platanen und auch Eschen.
Dann werden alle sehen und erkennen, begreifen und verstehen,
dass die Hand des Herrn das alles gemacht hat,
dass der Heilige Israels es erschaffen hat.
JES 41,17–20

Aus dem Buch Jeremia:
Mein Volk hat Unrecht verübt: Mich hat es verlassen, den Quell des lebendigen Wassers, um sich Zisternen zu graben, Zisternen mit Rissen, die das Wasser nicht halten.
JER 2,13

Aus dem Buch Ezechiel:
EZ 47,1–12 (s.u., S. 137f.)

Anderer Text
Quellen meines Lebens
Ein Bach strömt durch verschneite Wiesen. Die Quelle, die den Bach speist, widersteht der Kälte des Winters. Sie strömt trotzdem. Manchmal sprudelt sie selbst unter einer Eisschicht. So ist auch in uns eine innere Quelle, die nie versiegt. Selbst wenn wir abgeschnitten sind von dieser Quelle, ist sie in uns. Es ist unsere Aufgabe, mit dieser inneren Quelle in Berührung zu kommen. Dann werden selbst unsere vereisten Gefühle schmelzen. Wir werden spüren, dass die Winterstarre sich in uns auflöst. Es ist tröstlich zu wissen, dass selbst in der Kälte eine Quelle strömt, die sich ihren Weg bahnt durch Eis und Schnee. Die innere Quelle wird alles, was in uns wie unter einer Schneedecke lebt, zum Blühen bringen. Wir müssen an die Quelle in uns glauben. Sie ist da. Und sie wird uns verwandeln.
ANSELM GRÜN

Lieder
Geh zum Quell und sage
Des Königs Banner (Strophen 1, 2 und 7: Ein Quell des Heils)
Gehet nicht auf in den Sorgen (Strophe 6)
Herr, deine Güt' (Strophe 2: Bei dir, Herr, ist des Lebens Quell)
Außerdem die Lieder im gemeinsamen Materialteil (s. o., S. 131)

ZUR TAUFFEIER

EINGANGSRITEN
Lied: Laudato si

Begrüßung:

WASSER

Liebe Eltern und Paten, Großeltern und Gäste,
herzlich willkommen zur Tauffeier hier in N.!

Das Wichtigste zur Taufe bringen Sie mit: Ihr Kind und das Wasser, mit dem es getauft werden soll. Stellen Sie uns Ihr Kind bitte vor!

Vorstellung der Tauffamilien und Paten
Bezeichnung mit dem Kreuz

Gebet:

Gott, jede Quelle ist ein Geschenk des Lebens. Sie erinnert uns an dich, die Quelle des Lebens. Du verschenkst dich an uns. Wir danken dir, dass es Quellen gibt, die uns von dir erzählen, die uns erfrischen und stärken. Wir preisen dich durch Christus.

WORTGOTTESDIENST
Gespräch:
(Ältere Kinder werden zum Gespräch eingeladen.)
Ihr habt aus einer Quelle Wasser geholt. Erzählt mal! (...)

Es gibt Sumpfquellen – da kommt das Wasser langsam aus der Erde und bildet einen kleinen Teich, der überfließt, und es gibt Sprudelquellen: da fließt das Wasser aus einem Stein wie aus einem Wasserhahn, der nicht zugedreht wurde.

Das Wasser der Sprudelquelle kann man trinken. Es ist rein.

Viele Sorten von Mineralwasser werden an großen Quellen abgezapft: Hier ist eine solche Flasche. (Was steht darauf?) Darin ist also Quellwasser; ich will euch Gläser damit füllen, aber wartet noch mit dem Trinken. (Wasser ausschenken)

Stellt euch vor: Draußen ist es sehr heiß. Ihr habt getobt, nun seid ihr durstig und bekommt ein Glas frisches Wasser ... (Jetzt könnt ihr trinken).

Aus der Quelle fließt Wasser. Wisst ihr, woher das Wasser der Quelle kommt? (Evtl. selbst erzählen.)

Manchmal kommt das Wasser so tief aus der Erde, dass es heiß ist. In Aachen z.B. ist das Quellwasser 70 Grad heiß.

An jeder Quelle ist es grün. (Wieso?) Was wuchs bei der Quelle, an der ihr gewesen seid?

In trockenen Gegenden kommen auch Tiere und Menschen zur Quelle. Warum? Ohne Wasser…

Ich lese euch ein Stück aus der Bibel vor. Darin ist von einer gewaltigen Quelle die Rede. Aus dieser Quelle fließen Flüsse in verschiedene Himmelsrichtungen.

Die Flüsse bewässern das Land, so dass überall Bäume mit Früchten wachsen.

Aus dem Buch Ezechiel:

Ein Mann führte mich zum Eingang des Tempels zurück und ich sah, wie unter der Tempelschwelle Wasser hervorströmte und nach Osten floss. Dann führte er mich durch das Nordtor hinaus und ließ mich außen herum zum äußeren Osttor gehen. Und ich sah das Wasser an der Südseite hervorrieseln.

Als ich zurückging, sah ich an beiden Ufern des Flusses sehr viele Bäume. Er sagte zu mir: Dieses Wasser fließt in den östlichen Bezirk, es strömt in das Meer, in das Meer mit dem salzigen Wasser. So wird das salzige Wasser gesund.

Wohin der Fluss gelangt, da werden alle Lebewesen leben können. Es wird sehr viele Fische geben. Wohin der Fluss kommt, dort bleibt alles am Leben.

Fischer werden am Ufer des Meeres stehen und ihre Netze zum Trocknen ausbreiten. Alle Arten von Fischen wird es geben, so zahlreich wie die Fische im großen Meer.

An beiden Ufern des Flusses wachsen alle Arten von Obstbäumen. Ihr Laub wird nicht welken und sie werden nie ohne Frucht sein. Jeden Monat tragen sie frische Früchte; denn das Wasser des Flusses kommt aus dem Heiligtum. Die Früchte werden als Speise und die Blätter als Heilmittel dienen.

AUS EZ 47,1–12

Eine Quelle, die Leben schenkt – in alle Himmelsrichtungen. Wer mag mit dieser großen Quelle gemeint sein, die allen Leben schenkt? (Kinder gehen zu ihren Plätzen)

Predigt:

(Wenn ein Gespräch mit Kindern stattfand, beginnt die Predigt erst bei *.)

Liebe Eltern und Paten, Großeltern und Gäste,

waren Sie schon einmal an einer Quelle? Eine Quelle ist faszinierend. Entweder ist irgendwo ein kleiner See, der nur einen Abfluss hat. Oder das Wasser strömt einfach aus dem Stein, aus der Erde. Es strömt und fließt – und hört nicht auf zu sprudeln. Es ist ganz klar und lädt ein zum Trinken. Große Quellen werden als Mineralwasser abgefüllt, manchmal noch bearbeitet und verkauft. Die Firmen werben z.B. damit, dass das Wasser Jahrtausende in der Erde unterwegs war.

Woher kommt das Wasser? Es kommt von weit her! Es verdunstete über dem Meer, wurde zu Wolken; daraus sind Regentropfen gefallen; sie drangen in den Boden ein und sickerten immer tiefer. Das Wasser ist unterirdisch weiter unterwegs, es bringt Mineralien und Kohlensäure von seinem Weg durch die Erdschichten mit. Manchmal ist es noch heiß – so z.B. die Thermalquellen von Aachen; sie haben 70 Grad.

Unmittelbar bei einer Quelle ist Leben: kleine Algen, Moos, Gras, Sträucher und sogar Bäume. Vögel und Landtiere kommen zur Quelle. Früher lebten Menschen gern an Quellen oder Flüssen. Die Quelle ermöglicht vielfältiges Leben.

* In der Lesung hörten wir von einer gewaltigen Quelle, aus der Flüsse in verschiedene Himmelrichtungen fließen. Die Quelle reinigt sogar das Salzwasser und macht es trinkbar, sie ist voller Fische und an den Flüssen stehen Bäume, die Früchte zur Nahrung und Blätter zur Heilung tragen: Diese Quelle ist ein Bild für Gott, der das Leben im Überfluss schenkt: Wer zu Gott, zur Quelle kommt, erhält, was er zum Leben braucht – und kann selbst davon noch weiter schenken. Deshalb sagt Jesus am Jakobsbrunnen zu einer Frau aus Samaria:

Wer von dem Wasser trinkt, das ich ihm geben werde, wird
niemals mehr Durst haben; vielmehr wird das Wasser, das ich
ihm gebe, in ihm zur sprudelnden Quelle werden, deren Wasser ewiges Leben schenkt.
Joh 4,14

Durch die Geburt Ihres Kindes sind Sie, liebe Frau N., in besonderer
Weise in den Kreislauf des Lebens einbezogen. Auch Sie schenken
Leben – wie eine Quelle. Auch das Leben, das Sie geboren haben, war
unsichtbar schon lange unterwegs. Damit meine ich nicht nur die
letzten neun Monate. Nein, das Erbgut von vielen Generationen der
Eltern fließt in Ihrem Kind zusammen und kommt bei der Geburt
ans Tageslicht. Und wie an der Quelle ein Wasserlauf beginnt, so
beginnt hier der Lebenslauf eines neuen Menschen.

Die Bibel sagt an anderer Stelle: Eine Quelle versiegt, wenn sie
nicht mit Wasser in der Tiefe verbunden ist. Und sie mahnt, die Verbindung mit Gott zu halten, damit das Leben nicht verdorrt. Wir
wünschen Ihnen, den Eltern, dass Sie in der Tiefe des Glaubens mit
Gott verbunden bleiben und diesen Glauben Ihrem Kind weitergeg-
ben.

Und wenn wir Quellwasser über die Stirn von N. gießen, erbit-
ten wir für ihn/sie, dass auch er/sie dem göttlichen Lebensgrund
verbunden bleibt – wie der Fluss der Quelle.

Fürbitten:
Gott, du bist die Quelle des Lebens. Wir bitten dich:
◈ für N.: schenke ihm/ihr alles, was er/sie zu einem erfüllten
   Leben braucht ...
◈ stille du seinen/ihren Durst nach Leben und Freude ...
◈ lass N. immer in Verbindung bleiben mit dir, dem Quell des
   Lebens ...
◈ erfülle uns alle mit Dankbarkeit für unser Leben ...

Lied:
Geh zum Quell

FEIER DES SAKRAMENTS
(Siehe: Die Feier der Kindertaufe)

Thematisch formuliertes Taufbekenntnis:
Widersagt ihr dem Bösen?
– Wir widersagen.

WASSER

Nun frage ich nach unserem christlichen Glauben:
Glaubt ihr an Gott, den Quell allen Lebens?
– Wir glauben.
Glaubt ihr Jesus Christus, der uns das Wasser des Lebens verheißen hat?
– Wir glauben.
Glaubt ihr an den Heiligen Geist, der die Kirche und uns alle durchströmt und mit Leben erfüllt?
– Wir glauben.

(Apostolisches Glaubensbekenntnis)

ABSCHLIESSENDE RITEN
(Siehe: Die Feier der Kindertaufe)

Einleitung zum Segen:
Gott, so wie eine große Quelle nicht aufhört, Wasser zu spenden, so spende N. und uns allen immer wieder neu die Fülle deines Segens.

Segen

Lied:
Gehet nicht auf in den Sorgen

Vorbemerkungen

In der folgenden Tauffeier ist Psalm 104 Ausgangspunkt, um über das Leben am Wasser und im Wasser zu staunen und dafür zu danken. Hilfreich ist bei dieser Feier ein großes Bild, auf dem ein Wasserlauf von einer Quelle bis zum Meer dargestellt ist. Am Fluss sollten einige der Pflanzen und Tiere aus Psalm 104 zu sehen sein. Bei der Taufe eines Grundschülers hatten die Mitschülerinnen und Mitschüler die Tiere des Psalms auf DIN-A4-Bogen gemalt und hielten ihr Bild jeweils an der entsprechenden Stelle des Psalms hoch. –

ZUR TAUFFEIER

EINGANGSRITEN

Lied: Erfreue dich. Himmel

Begrüßung:
Herzlich willkommen, liebe Eltern, Geschwister und Paten, liebe Großeltern und alle anderen Gäste!

Wir wissen alle: Ohne Wasser gibt es kein Leben. Doch wir machen uns die Bedeutung des Wassers nur selten klar: Wir brauchen das Wasser zum Trinken, zum Kochen und zum Waschen. Das Wasser läuft uns im Mund zusammen, es schießt aus den Augen, regelt die Körpertemperatur und tropft beim Schwitzen aus den Poren. Es transportiert Nährstoffe, schwemmt Abfall weg und löst Stoffe auf. Wir Menschen bestehen zu ca. 70 % aus Wasser. Wie wichtig das Wasser ist, wird uns oft erst bewusst, wenn es uns fehlt. Heute werden N. und N. mit Wasser getauft. Sie, die Eltern, haben diese Tauffeier unter das Thema gestellt: Leben sprießt, wo Wasser fließt. Wir wollen ein wenig nachdenken über den Zusammenhang von Wasser und Leben.

Doch stellen Sie uns zunächst die Kinder vor, die heute mit Wasser getauft werden. Auch die Paten möchten wir kennen lernen.

Vorstellung der Tauffamilien und Paten
Bezeichnung mit dem Kreuz

WASSER **Gebet:**

Gott, ohne Wasser gibt es kein Leben: Pflanzen vertrocknen, Tiere und Menschen verdursten. Wir danken dir für das Wasser, wir danken dir für das vielfältige Leben und preisen dich durch Christus.

WORTGOTTESDIENST

Gespräch:

Liebe Jungen und Mädchen, ich lese euch ein Lied aus der Bibel vor. Darin ist vom Wasser die Rede: von der Quelle, dem Bach und dem Meer; außerdem hört ihr von den Pflanzen, die am Wasser wachsen, und von Tieren, die im Wasser leben oder vom Wasser trinken. Merkt euch, welche nützlichen *Pflanzen* und welche *Tiere* mit Namen genannt werden!

Aus Psalm 104:

> Lobe den Herrn, meine Seele! Herr, mein Gott, wie groß bist du!
> Du bist mit Pracht bekleidet.
> Du hüllst dich in Licht wie in ein Kleid,
> du spannst den Himmel aus wie ein Zelt.
> Du nimmst dir die Wolken zum Wagen,
> du fährst einher auf den Flügeln des Sturmes.
> Einst standen die Wasser über den Bergen.
> Du hast den Wassern eine Grenze gesetzt,
> die dürfen sie nicht überschreiten; nie wieder die Erde bedecken.
> Du lässt die Quellen hervorsprudeln in den Tälern,
> sie eilen zwischen den Bergen dahin.
> Allen Tieren des Feldes spenden sie Trank,
> die *Wildesel* stillen ihren Durst daraus.
> An den Ufern wohnen die *Vögel* des Himmels,
> aus den Zweigen erklingt ihr Gesang.

Du tränkst die Berge aus deinen Kammern,
aus deinen Wolken wird die Erde satt.
Du lässt *Gras* wachsen für das *Vieh*,
auch Pflanzen für den Menschen, die er anbaut,
damit er *Brot* gewinnt von der Erde
und *Wein*, der das Herz des Menschen erfreut,
damit sein Gesicht von *Öl* erglänzt
und *Brot* das Menschenherz stärkt.
Die *Bäume* des Herrn trinken sich satt,
die *Zedern* des Libanon, die er gepflanzt hat.
In ihnen bauen die Vögel ihr Nest,
auf den *Zypressen* nistet der *Storch*.
Die hohen Berge gehören dem *Steinbock*,
dem *Klippdachs* bieten die Felsen Zuflucht.
Die jungen *Löwen* brüllen nach Beute,
sie verlangen von Gott ihre Nahrung.
Herr, wie zahlreich sind deine Werke!
Mit Weisheit hast du sie alle gemacht,
Da ist das Meer, so groß und weit,
darin ein Gewimmel ohne Zahl: kleine und große Tiere.
Dort ziehen die Schiffe dahin,
auch der *Wal*, den du geformt hast, um mit ihm zu spielen.
Sie alle warten auf dich, dass du ihnen Speise gibst
zur rechten Zeit.
Sendest du deinen Geist aus, so werden sie alle erschaffen
und du erneuerst das Antlitz der Erde.
Ewig währe die Herrlichkeit des Herrn;
der Herr freue sich seiner Werke.
Ich will dem Herrn singen, solange ich lebe,
will meinem Gott spielen, solange ich da bin.
Lobe den Herrn, meine Seele! Halleluja!
Aus Ps 104,1–35

Gespräch (Fortsetzung):
Am Wasser stehen Pflanzen. Erinnert ihr euch? (Gras, Bäume,
Zedern, Zypressen)

Einige Pflanzen sind für die Menschen besonders wichtig. Die Pflanzen werden nicht mit Namen genannt, aber wohl, was daraus gemacht wird: Brot – welche Pflanze gehört dazu? Wein … Öl … Alle Pflanzen können ohne Wasser nicht wachsen.

Jetzt erinnert euch an die Tiere:

◈ Wildesel (was können die Esel gut? Zum Beispiel eine Last tragen)

◈ Vögel (einer wird mit Namen genannt: der Storch; was können die Vögel gut? Zum Beispiel singen, Mücken fangen)

◈ Vieh: ihr kennt dafür andere Wörter (Kühe, Rinder, Ochsen; wozu sind sie nützlich? Feldarbeit, Fleisch, Leder)

◈ Steinbock (was wisst ihr davon? Was kann er gut? Zum Beispiel klettern)

◈ (Klipp-)Dachs (den Klippdachs gibt es bei uns nicht; er sieht so ähnlich aus wie ein Kaninchen oder Murmeltier und lebt in Felsen)

◈ Löwen (was wisst ihr von Löwen? Was können sie gut? Zum Beispiel brüllen)

Dann schaut der Mensch auf das Meer und sieht ein Gewimmel von Tieren … Fische (sie können schwimmen) – ein großes Wassertier wird besonders genannt … der Wal.

Der Verfasser des Liedes freut sich, dass es Quelle, Fluss und Meer, dass es Wasser gibt und er lobt – wen? Das lese ich nochmals vor:

Ich will dem Herrn singen, solange ich lebe,
will meinem Gott spielen, solange ich da bin.
Lobe den Herrn, meine Seele! Halleluja!

Predigt:

(Wenn zuvor das Gespräch stattfand, sollten einige Beispiele gestrichen werden.)

Liebe Eltern und Paten, Großeltern und Gäste,

Wasser ist kostbar und lässt Leben entstehen: im Wasser und am Wasser – alles Leben lebt vom Wasser. Der Verfasser von Psalm 104 staunt über den Lauf des Wassers und das vielfältige Leben durch das

Wasser. Vielleicht staunen wir heute nicht mehr über dieselben Dinge wie die Menschen vor 3000 Jahren, weil sich die Welt gewandelt hat und es bei uns z.B. keine Wildesel gibt. Aber auch heute gibt das Wasser Anlass zum Staunen und beschäftigt Wissenschaftler in aller Welt. Wenige Beispiele: Nur weil Wasser im Gegensatz zu anderen Stoffen bei vier Grad Celsius sein größtes Gewicht hat, frieren Seen und Meere in der Tiefe nicht zu und geben Fischen eine Chance zum Überleben. – Wasser kann gasförmig sein als Dampf, flüssig als Wasser und fest als Eis. – Die Schneekristalle haben alle unterschiedliche Formen – diese hängen auch mit der Wasserverschmutzung zusammen. (Ein Wasserhahn tropft unregelmäßig; entsprechend unregelmäßig schlägt das Herz, und gerade dadurch werden Kalkablagerungen in den Adern vermieden.) Wasser kann uns staunen lehren!

Und wir können Respekt haben vor der Kraft des Wassers und dankbar sein, wenn nicht zu viel und nicht zu wenig Regen fällt. In trockenen Jahren klagen die Bauern und alle, die einen Garten haben, denn trotz Gießens bleiben die Kartoffeln klein und die Brombeeren vertrocknen am Strauch. In Frankreich sollen in einem trockenen Jahr 5000 bis 10 000 überwiegend alte Menschen gestorben sein – an Austrocknung. In trockenen Jahren wüten in Südeuropa große Brände, die Feuerwehr hofft auf Regen. Zur selben Zeit kann es in anderen Ländern Überschwemmungen geben, und trotz der starken Niederschläge oder gerade deshalb fehlt es an Trinkwasser, denn die Flüsse, die über die Ufer treten, sind voller Schmutz: voller natürlicher und chemischer Abfälle.

Gesundes Wasser ist für uns eine Selbstverständlichkeit – wir brauchen meist nur den Wasserhahn aufzudrehen. Doch weltweit wird Trinkwasser immer kostbarer: Mehr als 80 Länder der Erde haben keine ausreichenden Wasservorräte, eine Milliarde Menschen hat keinen Zugang zu sauberem Wasser; jeden Tag sterben ca. 6 000 Kinder unter fünf Jahren an Krankheiten, die durch schmutziges Wasser übertragen werden. (Ein Beispiel von vielen ist die brasilianische Millionenstadt Salvador de Bahia: dort fließt das Abwasser ungeklärt in eine flache Bucht: In den stinkenden Schlamm haben hunderttausend arme Menschen Pfähle gerammt, darauf Bretter genagelt und Hütten gebaut. Nah bei dieser Stadt beginnt ein riesiges Gebiet mit einem so genannten Halbwüstenklima: dort lernen Menschen durch Zisternen und den Anbau von besonderen Getreidesorten zu überleben.) Noch einmal: Gesundes Wasser in ausreichender Menge ist für uns eine Selbstverständlichkeit, für Milliarden andere Menschen nicht.

Die Menschen im Heiligen Land erlebten die Bedeutung des Wassers unmittelbar: Dort sind die Wüste Juda, der Fluss Jordan und der See Gennesaret. Um Brunnen und um Grundstücke am Wasser wurden zu biblischen Zeiten und werden heute noch Kämpfe geführt. Johannes der Täufer kommt aus der Wüste zum Jordan und tauft: er taucht die Menschen im Fluss unter – das soll im wörtlichen und im übertragenen Sinn reinigen: In der Hitze schwitzen die Menschen, Staub und anderer Schmutz klebt an den Händen, am Körper. Und das Wasser erfrischt – so wie wenn wir an einem heißen Tag ins Schwimmbad springen: Man fühlt sich wie neugeboren. Zugleich ruft Johannes zur inneren Umkehr auf, zu einem neuen Leben ohne Habsucht und Gewalt. – Auch Jesus kommt zu Johannes an den Jordan und lässt sich untertauchen. Er taucht wieder auf und vernimmt Gottes Zusage: Du bist mein Sohn, den ich liebe. Ein neuer Lebensabschnitt beginnt für ihn.

Liebe Angehörige, liebe Gäste, heute taufen wir N. und N. Ich werde ihnen Wasser über den Kopf gießen. Wir wünschen ihnen, dass sie sich wie neugeboren fühlen. Wir wünschen ihnen, dass sie leben und stets haben, was sie zum Leben brauchen: Wasser und Brot, Wein und Öl, Liebe und Hoffnung. Ihre Erziehung im christlichen Glauben kann dabei helfen. Wir wünschen N. und N., dass sie keine Not leiden, viel Freude erleben und vom Bösen, von Habsucht und Gewalt möglichst verschont bleiben. Wir wünschen ihnen, dass sie in Frieden leben, wir wünschen ihnen eine gesunde Umwelt und Verantwortungsbewusstsein. Und ich wünsche ihnen, dass sie wie Jesus bei seiner Taufe erfahren, dass Gott zu ihnen sagt: Du, N., du, N., bist mein Kind, das ich liebe, ich hab dich gern. Diese Zusage der Liebe Gottes soll ihnen ihr Leben lang Selbstbewusstsein und inneren Halt geben.

Auch Sie haben gute Wünsche für N. und N. Sie haben sie aufgeschrieben auf Wassertropfen/Wassertiere/die Blätter einer Seerose. Ihre Wünsche sagen Sie nun Gott und bitten ihn, dass er sie in Erfüllung gehen lässt.

Fürbitten:
Gott, du bist der Schöpfer einer wunderbaren Welt. Wir bitten dich
- ❖ für N. und N.: schenke ihnen ein glückliches Leben …
- ❖ öffne ihre Augen und Herzen für die Wunder der Schöpfung …
- ❖ mach sie bereit, mit andern Menschen zu teilen …
- ❖ hilf uns, den Eltern, N. und N. zu geben, was sie zum Leben brauchen …
- ❖ erfülle sie mit Dankbarkeit für Gottes Liebe und all seine Geschenke …

Lied:
Geh zum Quell
Oder: Mein Gott, wie schön ist deine Welt

FEIER DES SAKRAMENTS
(Siehe: Die Feier der Kindertaufe)

Thematisch formuliertes Taufbekenntnis:
Widersagt ihr dem Bösen?
– Wir widersagen.
Nun frage ich nach unserem christlichen Glauben:
Glaubt ihr an Gott, den Quell allen Lebens?
– Wir glauben.
Glaubt ihr Jesus Christus, der uns das Wasser des Lebens verheißen hat?
– Wir glauben.
Glaubt ihr an den Heiligen Geist, der die Kirche und uns alle durchströmt und mit Leben erfüllt?
– Wir glauben.

(Apostolisches Glaubensbekenntnis)

ABSCHLIESSENDE RITEN
(Siehe: Die Feier der Kindertaufe)

Einleigung zum Segen:
Gott, wir danken dir. Wir danken dir für das Wasser – und für alles, was selbstverständlich scheint. Wir danken für unser Leben und deine Liebe. Wir danken für unsere Kinder und bitten dich: Segne uns alle – heute und in Zukunft – bis in Ewigkeit.

WASSER

Segen

Lied:
Laudato si

Vorbemerkung und Vorbereitungen

Im Alten Testament ist der unfruchtbare Weinstock ein Bild für das ungläubige Volk Israel; der Weinstock, der seine Früchte bringt und unter dem die Menschen sitzen, ist ein Bild des Glaubens der Menschen und des Segens Gottes. Jesus greift dieses Bild auf, verändert es und spricht vom Weinstock und den Reben, um zu zeigen, wie fruchtbar die Verbindung mit ihm ist.

In der Taufe geht es um die Verbundenheit der Menschen mit Jesus und mit der Gemeinschaft der Gläubigen, der Kirche. Dafür soll in dieser Tauffeier ein Weinstock das Symbol sein.

Die Eltern bringen je Kind einen Weinstock im Topf oder auf einem Plakatkarton mit; daneben liegen eine abgeschnittene Rebe und Weinblätter. Die Fürbitten sind auf Trauben aus blauem Papier geschrieben und werden am Weinstock befestigt.

Biblische Texte

Aus dem Buch Deuteronomium:

Mose sagte zum Volk: Du sollst auf die Gebote des Herrn, deines Gottes, achten, auf seinen Wegen gehen und ihn fürchten. Wenn der Herr, dein Gott, dich in ein prächtiges Land führt, ein Land mit Bächen, Quellen und Grundwasser, das im Tal und am Berg hervorquillt,
ein Land mit Weizen und Gerste, mit Weinstock, Feigenbaum und Granatbaum, ein Land mit Ölbaum und Honig,
ein Land, in dem du nicht armselig dein Brot essen musst, in dem es dir an nichts fehlt, ein Land, dessen Steine aus Eisen sind, aus dessen Bergen du Erz gewinnst;
wenn du dort isst und satt wirst und den Herrn, deinen Gott, für das prächtige Land, das er dir gegeben hat, preist,
dann nimm dich in Acht und vergiss den Herrn, deinen Gott, nicht, der dich in der Wüste mit dem Manna speiste und der das alles tat, um dir Gutes zu tun.
Aus Dtn 8,6–16

Aus dem Buch der Psalmen:
Gott der Heerscharen, richte uns wieder auf!
Lass dein Angesicht leuchten, dann ist uns geholfen.
Du hobst in Ägypten einen Weinstock aus,
du hast ihn eingepflanzt. Du schufst ihm weiten Raum;
er hat Wurzeln geschlagen und das ganze Land erfüllt.

WEINSTOCK
Sein Schatten bedeckte die Berge,
seine Zweige die Zedern Gottes.
Seine Ranken trieb er bis hin zum Meer
und seine Schößlinge bis zum Eufrat.
Gott der Heerscharen, wende dich uns wieder zu!
Blick vom Himmel herab, und sieh auf uns!
Sorge für diesen Weinstock und für den Garten,
den deine Rechte gepflanzt hat.
AUS PS 80,8–16

Aus dem Buch des Propheten Jesaja:
Ich will ein Lied singen von meinem geliebten Freund,
ein Lied vom Weinberg meines Liebsten.
Mein Freund hatte einen Weinberg auf einer fruchtbaren Höhe.
Er grub ihn um und entfernte die Steine
und bepflanzte ihn mit den edelsten Reben.
Er baute mitten darin einen Turm und hieb eine Kelter darin aus.
Dann hoffte er, dass der Weinberg süße Trauben brächte,
doch er brachte nur saure Beeren.
(Ihr Bürger Jerusalems und ihr Männer von Juda:
Was konnte ich noch für meinen Weinberg tun,
das ich nicht für ihn tat?
Warum hoffte ich denn auf süße Trauben?
Warum brachte er nur saure Beeren?)
Ja, der Weinberg des Herrn der Heere
ist mein Volk und die Menschen sind die Reben,
die er zu seiner Freude gepflanzt hat.
AUS JES 5,1–9

Aus dem Buch des Propheten Micha:
Am Ende der Tage wird es geschehen:
Der Berg mit dem Haus des Herrn
steht fest gegründet als höchster der Berge; er überragt alle Hügel.
Zu ihm strömen die Völker.
Viele Nationen machen sich auf den Weg.
Sie sagen: Kommt, wir ziehen hinauf zum Berg des Herrn
und zum Haus des Gottes Jakobs.
Er zeige uns seine Wege, auf seinen Pfaden wollen wir gehen.
Denn vom Berg des Herrn kommt die Weisung,
aus Jerusalem kommt das Wort des Herrn.
Er spricht Recht im Streit vieler Völker,
er weist mächtige Nationen zurecht.
Dann schmieden sie Pflugscharen aus ihren Schwertern
und Winzermesser aus ihren Lanzen.
Man zieht nicht mehr das Schwert, Volk gegen Volk,
und übt nicht mehr für den Krieg.
Jeder sitzt unter seinem Weinstock
und unter seinem Feigenbaum und niemand schreckt ihn auf.
Ja, der Mund des Herrn der Heere hat gesprochen.
MI 4,1–4

WEINSTOCK

Aus dem Evangelium nach Johannes:
JOH 15,1–5 (s.u., S. 152)

Lieder zur Auswahl
Wo zwei oder drei
Unser Leben sei ein Fest
Bleib bei uns, Herr
Ich bin der Weinstock, ihr seid die Reben
Gott braucht dich und mich

ZUR TAUFFEIER

EINGANGSRITEN
Lied: Unser Leben sei ein Fest

Begrüßung:

WEINSTOCK

Liebe Eltern, nach der Taufe wollen Sie im Garten einen Weinstock einpflanzen. Sie haben wohl schon den Platz ausgesucht und das Loch ausgehoben. Sie werden den Weinstock in die Erde senken, gießen und pflegen, damit er süße Trauben trägt. Die Pflege des Weinstocks kann ein Bild Ihrer Sorge und Hoffnungen für Ihre Kinder werden.

Schon die Bibel vergleicht Gottes Sorge um die Menschen mit der Pflege eines Weinstocks: Gott bereitet den Boden vor und tut alles, damit es uns gut geht. Jesus greift das Bild vom Weinstock noch in einem anderen Sinne auf: Er ist Weinstock und wir sind die Reben. Dazu nachher mehr. Stellen Sie uns jetzt zunächst Ihre kleinen Weinstöcke, Ihre Kinder, vor!

Vorstellung der Tauffamilien und Paten
Bezeichnung mit dem Kreuz

Gebet:
Gott, durch die Taufe sind wir Jesus verbunden. Durchströme N. und N. mit der Liebe Jesu, so dass ihr Leben gute Früchte trägt. So bitten wir.

WORTGOTTESDIENST
Aus dem Evangelium nach Johannes:
> Jesus sagte: Ich bin ein Weinstock. Bleibt in mir, dann bleibe ich in euch. Wie ein Rebzweig aus sich keine Frucht bringen kann, wenn er nicht im Weinstock bleibt, so auch ihr nicht, wenn ihr nicht in mir bleibt. Ich bin der Weinstock, ihr seid die Rebzweige. Wer in mir bleibt und ich in ihm, der bringt reiche Frucht.
> AUS JOH 15,1–5

Gespräch:

(Kinder werden nach vorne zum Weinstock gerufen.)

Schaut, was hier steht … diesen kleinen Strauch nennt man Weinstock.

Und die Zweige nennt man …?

Im Herbst hängen Früchte daran, sie heißen …?

Weinstock, Reben und Trauben gehören zusammen. Wenn ein Blatt oder eine Rebe abgeschnitten sind … was wird daraus?

Jesus sagt: So ähnlich gehören wir zusammen – wir Menschen untereinander und wir mit Jesus. Wenn wir mit Jesus verbunden sind, können wir viele gute Früchte tragen. Eine gute Frucht ist es, wenn wir andern eine Freude machen. Vielleicht kennt ihr noch andere gute Früchte von Menschen, die mit Jesus verbunden sind …

Predigt:

Liebe Eltern und Paten, liebe Großeltern und Gäste,

Weinstock, Reben und Trauben waren für Jesus ein Bild der Verbundenheit im Glauben und eines fruchtbaren Lebens.

Jesus ist der Weinstock. Durch die Taufe sind wir ihm verbunden. Blätter und Zweige, die vom Stamm abgeschnitten sind, sind zwar frei. Aber sie sind haltlos wie ein loses Blatt im Sturm, sie verlieren ihr Leben, sind unfruchtbar. So kann ein Leben ohne Glaube sein.

Allerdings ist die Verbundenheit zwischen Jesus und den Christen nicht organisch oder mechanisch wie Fessel oder Kette, da würde das Gleichnis missverstanden. Wir Menschen haben Freiheit, Jesus hat sie ausdrücklich geachtet. Es ist eine andere Art der Verbindung, nämlich die Verbindung der Liebe. Die Liebe schafft eine geistige Verbundenheit zwischen denen, die sich lieben. Eine Verbundenheit aus Liebe kann fruchtbar werden, Schwangerschaft und Geburt zeigen es; dabei werden die Persönlichkeiten der Eltern in der Verbundenheit nicht ausgelöscht; sie behalten ihre Eigenständigkeit und Freiheit.

Von solch einer geistigen Verbindung also spricht Jesus im Gleichnis vom Weinstock und den Reben. Wenn wir ihm und durch ihn Gott in Liebe verbunden sind, kann diese Verbundenheit Früchte tragen in unserem Leben.

Die freie Bindung an Gott, an seinen Willen bezeichneten die Römer mit dem Wort *religio*. Insofern kann man sagen: Unsere Religion zeigt sich in unserer Verbundenheit mit Jesus und seiner Botschaft. Ein Zeichen dieser Verbundenheit ist die Kommunion. Darin gibt Jesus uns Kraft. Dabei steht Brot stellvertretend für alle Lebensmittel und Wein für die Freude, die ein Leben erfüllt, ja berauscht.

Verbunden mit Jesus, in seiner Kraft tragen wir, die Reben, Früchte. Wie das? Ich sehe das so: Jesus war ein Mensch, der großzügig verschenkte – seine Aufmerksamkeit, ja Liebe, er verschenkte seinen Glauben an den guten Vater und er gab Hoffnung denen, die nicht weiterwussten. Jesus verschenkte großzügig. Wer ihm verbunden ist, trägt Früchte, wenn er oder sie wie Jesus weiterschenkt. Auch wir können ja anderen Leben schenken, das haben Sie, die Eltern, getan. Wir können Freude und Liebe schenken. Wir werden selber nicht ärmer dadurch. Im Gegenteil, wenn wir alles für uns behielten, wären wir wie ein Weinstock, wie ein Baum, der seine Früchte festhält: Er bildet keine neuen Blüten und Früchte. –

Ich wünsche den Täuflingen eine liebevolle Verbundenheit zur ganzen Schöpfung, besonders zum Schöpfer, zu Jesus und zu den Menschen. Ich wünsche ihnen, dass sie aus der *religio*, der Verbundenheit mit Jesus, Kraft, Freude und Hoffnung schöpfen und all das großzügig weiterschenken.

Fürbitten:

(Die Fürbitten stehen auf Trauben aus blauem Papier; die Kinder hängen sie an den Weinstock.)

Gott, die Verbundenheit mit Jesus schenkt dem Leben Kraft. Wir bitten dich für N. und N.:

◈ Erhalte und stärke ihre Verbundenheit mit Jesus ...
◈ Lass ihr Leben etwas von Jesu Liebenswürdigkeit ausstrahlen ...
◈ Sei ihnen nahe – im Alltag und in festlichen Stunden ...

Lied:

Ich bin der Weinstock
Oder: Wo zwei oder drei

FEIER DES SAKRAMENTS
(Siehe: Die Feier der Kindertaufe)

ABSCHLIESSENDE RITEN
(Siehe: Die Feier der Kindertaufe)

Segensgebet:
Segne dieses Kind (s. o., S. 39)

Segen

Lied:
Danke
Oder: Bleib bei uns, Herr

Verabschiedung

Vorbemerkung und Vorbereitung

Diese Tauffeier wurde für eine Familie vorbereitet, die bereits drei Kinder hat, die manchmal etwas chaotisch sind. So zeigte es sich auch beim Taufbesuch. Die Mutter sagte: »Die Kinder sind wie das Aprilwetter: heute so und morgen so, manchmal braucht es noch nicht einmal einen Tag.« Diese Situation ist ganz anders als etwa bei Eltern, die mit großer Freude ihr erstes Kind bekommen haben. Die Tauffeier versucht unter dem Motto »Alles hat seine Zeit« im Glauben auf diese Familiensituation einzugehen.

Die Familie kann auf einen Plakatkarton eine große Uhr aufmalen und zu den Fürbitten z.B. auf jede zweite Stunde einen Wunsch kleben.

Bibeltexte

Lesung aus dem Buch Levitikus:
    Lev 26,3–6,9–12

Aus dem Buch Deuteronomium:
    Mose sprach zum Volk: Wenn du auf die Stimme des Herrn, deines Gottes, hörst, werden alle diese Segnungen über dich kommen und dich erreichen:
    Gesegnet bist du in der Stadt, gesegnet bist du auf dem Land. Gesegnet ist die Frucht deines Leibes, die Frucht deines Ackers und die Frucht deines Viehs, die Kälber, Lämmer und Zicklein. Gesegnet ist dein Korb und dein Backtrog. Gesegnet bist du, wenn du heimkehrst, gesegnet bist du, wenn du ausziehst.
    Der Herr befiehlt dem Segen, an deiner Seite zu sein: in deinen Speichern und bei allem, was deine Hände schaffen. Der Herr segnet dich in dem Land, das er, dein Gott, dir gibt. Dann sehen alle Völker der Erde, dass der Name des Herrn über dir ausgerufen ist. Der Herr schenkt dir Gutes im Überfluss. Der Herr öffnet dir den Himmel, seine Schatzkammer voll köstlichen Was-

sers: Er gibt deinem Land zur rechten Zeit Regen und segnet
jede Arbeit deiner Hände. An viele Völker kannst du ausleihen
und du brauchst nichts zu entleihen.
DTN 28,1–12

Aus Psalm 145:
 PS 145,1–3.8.10.11.14–16.18.21

Aus dem Buch Kohelet:
 KOH 3,1–8 (s.u., S. 160)

Aus dem Evangelium nach Matthäus:
 MT 13,24–30

Aus dem Evangelium nach Markus:
 MK 6,30f.

Aus dem Evangelium nach Lukas:
 LK 13,6–9 (s.u., S. 162)

Aus dem Brief an die Römer:
 RÖM 13,8–12

Aus dem 2. Brief an die Christen in Korinth:
 2 KOR 6,1–2

Andere Texte

Die Geburt eines Kindes ist wie
der Beginn der Blütezeit einer Blume:
Etwas Einzigartiges beginnt zu leben.
Und mit Freude und ein wenig Wehmut ist zu sehen,
wie das, was da beginnt,
jeden Tag in sich aufnimmt,
als wäre es der erste und gleichsam der letzte.
(Quelle unbekannt)

Wir wünschen euch Zeit
Wir wünschen euch Zeit:
Die Zeit, die ihr braucht,
und die Zeit, die ihr habt,
die Zeit, die vergeht,
und die Zeit, die euch bleibt,
die Zeit für euch selbst
und die Zeit für die andern.
CONRAD SIEGERS

Materialhinweis
Der Religionspädagoge R. Oberthür hat mit Kindern über Uhr und Zeit gesprochen und einige Äußerungen von Kindern in der Aachener Kirchenzeitung veröffentlicht:

Fragen von Kindern:
Gibt es genug Zeit auf der Welt? Ist die Zeit irgendwann aufgebraucht? Ist die Zeit gefangen in den Uhren? Wieso läuft die Zeit? Warum kann man die Zeit nicht anhalten? Wieso geht die Zeit so schnell verloren? Ist Zeit kostbar? Kann man Zeit sparen? Wenn man keine Zeit hat, wer hat dann die Zeit?

Manchmal kommt es uns so vor, dass die Zeit läuft: sie ist schnell vorbei, manchmal scheint ein einziger Vormittag Jahre zu dauern. Wie kommt das?

Zeit erfahren:
Ausprobieren, wie lang eine Minute ist: Alle sitzen im Kreis, einer schaut auf den Sekundenzeiger und sagt, wann es losgeht (oder er hält eine verdeckte Sanduhr). Wer meint, dass eine Minute vorbei ist, hebt die Hand. Wer ist am nächsten dran?

Wie viel Zeit habe ich für das, was ich mag? Für das, was ich nicht mag? Zeit für das, was mir egal ist?

Gebete:

Guter Gott, du hast die Zeit erschaffen,
aber du wohnst nicht drin.
Guter Gott, du hast die Zeit erschaffen,
aber du hast unendlich viel Zeit.
Guter Gott, du hast die Zeit erschaffen,
aber du hast deine eigene Zeit.

Gott, wir brauchen die Zeit, denn eine Welt ohne Zeit ist wie ein Körper ohne Herz, er würde sterben. Ich bitte dich: Halt die Zeit nicht an, das wäre so, als ob das Herz nicht mehr schlagen könnte.

Lieder zur Auswahl

Jetzt ist die Zeit, jetzt ist die Stunde
Nur für heute reicht das Brot
Wir feiern heut' ein Fest
Schenk uns Zeit
Meine Zeit steht in deinen Händen
Die Zeit zu beginnen ist jetzt
Wenn nicht jetzt, wann dann

ZUR TAUFFEIER

EINGANGSRITEN

Lied: Die Zeit zu beginnen ist jetzt
Oder: Wir feiern heut' ein Fest

Begrüßung:

Herzlich willkommen zur Taufe von N.!

Alles hat seine Zeit – dieses Motto haben Sie, liebe Eltern, für die Taufe gewählt. Fast hätte ich ergänzt: Nur die Mutter, die hat keine Zeit! Aber im Ernst: Sie haben in Ihrer Familie die Erfahrung gemacht: Es gibt eine Zeit zur Freude und eine Zeit der Sorge; für die Kinder gibt es eine Zeit zum Arbeiten für die Schule und eine Zeit zum Spielen. Es gibt eine Zeit zum Zu-Bett-Gehen und eine Zeit zum Aufstehen. Es gibt eine Zeit der Harmonie, aber auch Zeiten des Streites. Dies und vieles mehr gehört zum Leben einer großen Familie dazu. Fraglich ist oft nur: Wofür ist jetzt die rechte Zeit? Natürlich gibt es darauf keine einfache Antwort, aber zumindest kann ich Ihnen sagen: Ihre Situation ist nicht neu – und der ständige Wechsel gibt ja auch Hoffnung auf bessere Zeiten, wenn es einmal nicht so gut geht.

UHR

Vorstellung der Tauffamilien und Befragung der Paten
Bezeichnung mit dem Kreuz

Gebet:
Gott, vor x Wochen/Monaten hat das Leben von N. begonnen; seitdem ist die Zeit so schnell vergangenen. Wir bitten dich: Segne die Zukunft von N. und segne die gemeinsame Zeit in der Familie. So bitten wir durch Christus.

WORTGOTTESDIENST
Lesung aus dem Buch Kohelet:
> Alles hat seine Stunde. Für jedes Geschehen unter dem Himmel gibt es eine bestimmte Zeit.
> Es gibt eine Zeit zum Gebären und eine Zeit zum Sterben,
> eine Zeit zum Pflanzen und eine Zeit zum Ernten,
> eine Zeit zum Töten und eine Zeit zum Heilen,
> eine Zeit zum Niederreißen und eine Zeit zum Aufbauen,
> eine Zeit zum Weinen und eine Zeit zum Lachen,
> eine Zeit für die Klage und eine Zeit für den Tanz,
> eine Zeit zum Umarmen und eine Zeit loszulassen,
> eine Zeit zum Schweigen und eine Zeit zum Reden,
> eine Zeit zum Lieben und eine Zeit zum Hassen,
> eine Zeit zum Kämpfen und eine Zeit zur Versöhnung.
> NACH KOH 3,1–8 (leicht überarbeitet)

Gespräch:

(Kinder werden nach vorne gebeten.)

Liebe Jungen und Mädchen, manchmal sagen wir: Heute ist richtiges Aprilwetter? Was ist Aprilwetter?

Bei Aprilwetter wissen wir nicht: Wird es bald regnen oder wird die Sonne scheinen? Dann zieht ihr morgens zum Kindergarten oder zur Schule eine Regenjacke an, aber mittags scheint die Sonne, und es ist warm; am nächsten Tag habt ihr nur ein Sweatshirt an, aber mittags regnet es mit Schneeflocken, und ihr friert. Das ist Aprilwetter: Sonne, Regen und Schnee wechseln schnell.

Manchmal ärgern wir uns, wenn das Wetter sich schnell ändert. Aber es ist gut, dass das Wetter nicht immer gleich ist. Wenn immer nur die Sonne scheint und kein Tropfen Regen fällt ... Oder wenn es dauernd regnet ... Gut, dass sich das Wetter ändert. Und es macht Spaß, im Winter im Schnee zu spielen und im Sommer baden zu gehen. Wenn es immer gleich wäre, das wäre langweilig.

Manchmal sind wir Menschen wie das Aprilwetter ... Was meine ich damit?

Kürzlich war ich bei einer Familienfeier. Im Kinderzimmer waren viele Kinder: sie spielten zusammen und lachten. Plötzlich hörte ich lautes Geschrei: die Mutter ging herüber, es hatte Streit gegeben. Ein Junge saß in der Ecke und sagte nichts mehr, ein anderer weinte. Lachen und spielen, streiten und schreien, bockig schweigen und weinen: schnell hat sich die Laune geändert. Habt ihr das auch schon einmal erlebt?

Wie beim Wetter – so ändert sich manchmal die Laune. Das kann gut sein: Wenn ein Kind krank ist und mit Grippe im Bett liegt, dann ist es wahrscheinlich nicht so lustig, aber nach ein paar Tagen ...

Oder wenn jemand sich beim Spielen verletzt hat und es tut sehr weh ... Oder wenn es beim Spielen Streit gab ...

Wir hoffen, dass es wieder besser wird. So kennen wir es vom Wetter: der Winter geht vorbei, dann ist Sommer; nach dem Regen scheint wieder die Sonne. Darauf dürfen wir hoffen, wenn es einmal nicht so schön ist, wenn wir traurig sind, wenn andere schlechte Laune haben.

Lied:
Jetzt ist die Zeit

Aus dem Evangelium nach Lukas:

Jesus erzählte dieses Gleichnis: Ein Mann hatte in seinem Weinberg einen Feigenbaum; und als er kam und nachsah, ob er Früchte trug, fand er keine.

Da sagte er zu seinem Weingärtner: Jetzt komme ich schon drei Jahre und sehe nach, ob dieser Feigenbaum Früchte trägt, und finde nichts. Hau ihn um! Was soll er weiter dem Boden seine Kraft nehmen? Der Weingärtner erwiderte: Herr, lass ihn dieses Jahr noch stehen; ich will den Boden um ihn herum aufgraben und düngen. Vielleicht trägt er doch noch Früchte; wenn nicht, dann lass ihn umhauen.

Lk 13,6–9

Predigt:

Liebe Eltern, bei der Vorbereitung dieser Taufe haben Sie gemeint: Unsere Kinder sind mal so – mal so, wie das Wetter. Manchmal wissen wir nicht, woran es liegt, dass ein Kind bedrückt ist oder traurig, manchmal lachen Kinder ohne Grund. Sie versuchen, sich in Ihre Kinder hineinzuversetzen und zu verstehen; das ist oft nicht leicht.

Veränderungen erleben Eltern an ihren Kindern erst recht im Laufe der Jahre: Ein Kind, das mit vier Jahren gerne schmuste, will vielleicht mit vierzehn in Ruhe gelassen werden. Es gibt Zeiten, wo Kinder gerne erzählen, und Zeiten, wo sie Geheimnisse haben. Das ist so normal wie der Wechsel der Jahreszeiten. Im Buch Kohelet hörten wir eben die Worte: Alles hat seine Zeit – es kommt darauf an zu erkennen, was jetzt angesagt ist:

◈ So gibt es z.B. eine Zeit, die Kinder zu behüten, und eine andere Zeit, sie loszulassen;

◈ es gibt eine Zeit, mit den Kindern zärtlich zu sein, das brauchen sie, aber sie brauchen manchmal auch Strenge und Konsequenz oder dass wir ihre Abgrenzung respektieren;

◈ es gibt eine Zeit, unbeschwert zu spielen, und eine Zeit zu lernen, mitzuarbeiten und Verantwortung zu übernehmen.

Aber das braucht Zeit! Jesus mahnt in seinen Gleichnissen zur Geduld: Wer zu früh das Unkraut ausjätet, reißt womöglich die gute Saat mit heraus. Ein Baum braucht Jahre, bis er das erste Mal Früchte trägt. Und ob z.B. ein Pflaumenbaum Früchte trägt, sieht man erst gut, wenn sie blau werden, vorher sind sie unter den Blättern versteckt. Vielleicht wächst auch im Leben Ihrer Kinder jetzt schon viel mehr, als Sie heute erkennen! Jedes Kind braucht Geduld. Es braucht Zeit, bis Früchte reifen. Wer die Pflaumen pflückt, wenn sie noch grün sind, soll nicht dem Baum den Vorwurf machen, dass sie nicht schmecken!

Außerdem sind ja auch wir Erwachsenen nicht jeden Tag gleich gut drauf. Manchmal sind wir müde, dann wieder voller Lebenslust und Tatendrang. Manchmal wollen wir uns in Trauer zurückziehen oder wir suchen Ruhe (evtl. Hinweis auf das Evangelium, wo Jesus sich mit seinen Jüngern zurückziehen will), ein anderes Mal suchen wir die Gesellschaft anderer. Manchmal kennen wir die Gründe für unser Befinden, ein anderes Mal wissen wir selbst nicht, was mit uns los ist. So ist das Leben: Wir wissen darum. Wir dürfen in schweren Stunden der Enttäuschung oder des Leidens auf bessere Zeiten hoffen, aber wir wollen es mit unsern Launen nicht übertreiben, uns hängen oder der Wut freien Lauf lassen. Das tut uns selbst und andern nicht gut. Auch zu viel Sonne oder zu heftiger Regen und Hagel sind ja nicht gut, sondern zerstören. Nach einer Zeit des Kämpfens, nach Ärger und Schimpfen ist eine Zeit der Versöhnung und des Aufbauens angesagt.

Sie wollen einfühlsam den Kindern gerecht werden – je nach Lebenssituation, Sie wollen die Kinder an Ihrem Leben teilnehmen lassen, ohne dass sie unter Ihren Launen leiden. Ich wünsche Ihnen dabei Geduld und gutes Gelingen. Die Botschaft Jesu kann Sie dabei unterstützen. –

Liebe Eltern, liebe Gäste, nicht jeder Tag ist gleich: Ich hoffe, dass für Sie alle *heute* ein Tag der Freude ist – und dass Sie in dunklen Stunden die Hoffnung nicht aufgeben, dass doch bald wieder die Sonne scheint.

Fürbitten:

Gott, unser Vater, vor dir sind wir alle Schwestern und Brüder.
Wir bitten dich:

- für N.: schenke ihm/ihr eine glückliche Zeit ...
- für uns Eltern: gib uns Geduld und Einfühlungsvermögen bei der Erziehung unserer Kinder ...
- für unsere Schwester/unsern Bruder N.: schenke uns gemeinsam viel Freude ...
- für N.: hilf ihm/ihr, seinen/ihren Platz in der Familie zu finden ...

Lied:

Meine Zeit steht in deinen Händen
Oder: Wenn nicht jetzt, wann dann

FEIER DES SAKRAMENTS

(Siehe: Die Feier der Kindertaufe)

ABSCHLIESSENDE RITEN

(Siehe: Die Feier der Kindertaufe)

Einleitung zum Segen:

Gott, du bist immer für uns da. Wir danken dir und bitten dich: lass uns spüren, wofür die richtige Zeit ist. Segne unsere gemeinsame Zeit durch Christus.

Oder:
Gott, wir freuen uns, dass du die Zeit erfunden hast
Es ist schön zu wissen, dass die Zeit niemals stehen bleibt
und niemals langsamer geht.
Es ist schön, dass die Zeit nicht schneller vergeht,
sonst würden wir viel Schönes verpassen.
Gut, dass man nicht weiß, wann man stirbt.
Wir preisen dich durch Christus.
NACH R. OBERTHÜR

Segen (Nach Dtn 28)

Gott segne euch in der Stadt und auf dem Land.
Gesegnet sei die Frucht eurer Arbeit,
(die Frucht des Gartens und die Frucht der Tiere).
Gesegnet sei euer Haus und euer Brot.
Gesegnet sollt ihr sein, wenn ihr heimkehrt,
und gesegnet, wenn ihr aufbrecht.
Der Herr lasse seinen Segen an eurer Seite sein.
Der Herr schenke euch Gutes im Überfluss.
Der Herr öffne euch den Himmel
und seine Schatzkammer voll köstlichen Wassers:
Er gebe eurem Land zur rechten Zeit Regen
und segne jede Arbeit eurer Hände.
So segne euch der gütige Gott:
der Vater, der Sohn und der Heilige Geist.

Lied:
(nach Wunsch der Kinder)

Vorbemerkung und Vorbereitungen

Insbesondere in Städten nimmt die Zahl der Kinder zu, die im Grundschulalter zur Taufe angemeldet werden; meist geschieht dies im Zusammenhang mit der Anmeldung zur Erstkommunion. Da bietet es sich an, die Taufvorbereitung in die Kommunionvorbereitung zu integrieren oder die Feier zumindest mit den Kindern, die getauft werden sollen, gemeinsam vorzubereiten und vielleicht alle Kommunionkinder oder zumindest die Gruppen der Täuflinge zur Tauffeier einzuladen.

In der folgenden Vorlage schmückten Kinder im Grundschulalter am Ende der Taufvorbereitung ihre Kerze selbst mit Verzierwachs. Die Taufkerze ist ja ein zentrales Symbol der Taufe. Sie steht für den Täufling selbst und wird an der Osterkerze – dem Symbol Jesu – angezündet.

Auf jeder Taufkerze stehen der Name des Täuflings und die Daten von Geburt und Taufe. Zusätzlich wählen die Kinder in der Vorbereitung mit ihren Katechetinnen mehrere Symbole aus und sprechen darüber, was die Symbole für sie bedeuten. Dann werden die Symbole auf die Kerze aufgetragen. Selbstverständlich wird die ganze Tauffeier mit den Täuflingen abgesprochen; gern suchen sie die Lieder für ihre Feier aus.

Im konkreten Fall muss jeweils überlegt werden, wie viele Symbole auf die Kerze kommen. Fast alle Symbole der Tauffeiern in diesem Werkbuch können auf der Taufkerze dargestellt werden. Wenn man nur ein oder zwei Symbole wählt, kann man darauf ausführlicher eingehen oder evtl. nach dem Gespräch mit den Kindern noch ein paar Worte an die Erwachsenen richten. In der folgenden Vorlage sind sechs Symbole über die ganze Tauffeier verteilt: Regenbogen, Geburtsdatum, Name, Menschenkreis, Taufdatum und Sonne.

In der Tauffeier wirken außer den Täuflingen weitere Personen mit: eine Katechetin, Eltern, Geschwister, Paten, Großeltern oder andere. Sie müssen natürlich vorbereitet werden. Bei der Feier äußern sie sich zu einem Symbol und zeigen es auf der Taufkerze. Für die Täuflinge bleibt bis zuletzt das Symbol Sonne; sie stecken in diesem Zusammenhang ihre Taufkerze an der Osterkerze an.

Die Taufkerzen stehen gut sichtbar auf Kerzenständern in einigem Abstand voneinander neben der Osterkerze.

Lieder

Auch wenn in dieser Vorlage »passende« Lieder und Lieder zum Lichtsymbol aufgeführt werden, sollten auf jeden Fall die Lieder berücksichtigt werden, die die Kinder sich wünschen oder die zu selbst gewählten Symbole passen.

Die Sonne hoch am Himmelszelt
Gottes Liebe ist wie die Sonne
Sonne der Gerechtigkeit
Dein Lob, Herr, ruft der Himmel aus
Lobe den Herren (Strophe 4: Er ist dein Licht)
Gottes Wort ist wie Licht in der Nacht
Vom Aufgang der Sonne (Kanon)
Laudato si

ZUR TAUFFEIER

EINGANGSRITEN
Lied: Wir feiern heut ein Fest
Oder: Laudato si

Begrüßung:
Liebe Mädchen und Jungen, liebe Eltern und Paten, Großeltern und alle Gäste: Wir feiern heut' ein Fest! Wir freuen uns, dass N., N. und N. heute getauft werden. Ihr habt diese Feier mit vorbereitet und ihr seid jetzt vielleicht sogar ein wenig aufgeregt. Deshalb fangen wir sofort an. Kommt bitte mit euren Eltern, Geschwistern und Paten nach vorne und stellt euch – wie verabredet – vor:

(Die Täuflinge nennen ihren Namen; sie sagen, dass sie heute getauft werden möchten.)

Liebe Eltern, Sie sind mit der Taufe einverstanden. Sind Sie auch bereit, den Glaubensweg Ihres Kindes weiterhin zu unterstützen und Ihrem Kind ein Vorbild im Glauben zu sein?

KERZE

Liebe Paten, Sie haben das Vertrauen Ihres Täuflings und seiner Familie. Wollen Sie weiterhin Vertrauenspersonen für Ihren Täufling und gute Patinnen und Paten sein?

Mit einem Kreuzzeichen beginnen wir Gebete und Gottesdienste. Eltern, Patinnen, Paten und Priester zeichnen nun zu Beginn der Tauffeier ein Kreuz auf die Stirn der Jungen und Mädchen.

Gebet:

Gott, als Jesus getauft wurde, hast du gesagt: Du bist mein Sohn, den ich liebe. Wir bitten dich: Schenke deine Liebe auch N., N. und N. und schütze sie auf ihrem Weg durch Christus.

WORTGOTTESDIENST
Taufspender:

Liebe Jungen und Mädchen, ihr habt eure Taufkerze wunderbar gestaltet. Wir wollen sie in dieser Feier genau anschauen.

Regenbogen
Katechetin:

(kommt vor, zeigt auf den Regenbogen und sagt etwa:)

Ganz unten auf der Kerze ist ein blaues Band und darüber ein Regenbogen. Der Regenbogen erinnert an eine alte Geschichte. Vor vielen tausend Jahren gab es viel Ungerechtigkeit und Gewalt auf der Erde. So machte das Leben keine Freude, so sollte es nicht weitergehen. Eines Tages begann es heftig zu regnen, und eine große Flut bedeckte die Erde. Die Menschen, die Böses taten und die Erde zerstörten, gingen unter. Damals lebte ein Mann, er hieß Noach. Er hatte nichts Böses getan. Er hatte ein Schiff, eine Arche gebaut. Darin rettete er seine Familie und viele Tiere. Als der Regen aufgehört hatte, kamen sie aus der Arche. Gott sprach zu Noach: Hiermit schließe ich meinen Bund mit euch und mit euren Kindern und mit allen Lebewesen bei euch, mit den Vögeln, dem Vieh und allen Tieren des Feldes. Nie wieder sollen alle Wesen vom Wasser der Flut ausgerottet werden. Und Gott sprach: Das ist das Zeichen des Bundes zwischen mir und euch und allen Lebewesen: Meinen Bogen setze ich in die Wolken; er soll ein Zeichen der Verbundenheit sein zwischen mir und der Erde (nach Gen 9,9–17).

Liebe Jungen und Mädchen, damals begann ein neuer Lebensabschnitt für die geretteten Menschen. Heute beginnt für euch mit der Taufe ein neuer Lebensabschnitt. Damals hat Gott mit Noach einen *Bund*, ein Bündnis geschlossen. Wenn ihr getauft seid, seid ihr Gott ver*bund*en, Gott will euch nicht untergehen lassen. Der Regenbogen am Himmel war damals ein Zeichen für die Verbundenheit Gottes mit Noach; der Regenbogen auf eurer Taufkerze zeigt Gottes Verbundenheit mit euch.

Von solcher Verbundenheit handelt auch das folgende Lied:

Lied:
Halte zu mir, guter Gott

Namen und Geburtsdatum

Taufspender:
Liebe Mädchen und Jungen, auf euren Kerzen steht euer Geburtstag. Der Tag eurer Geburt ist schon einige Jahre her, aber ganz sicher erinnern eure Mütter sich noch daran:

(Die *Mütter* stehen in der Bank auf oder kommen nach vorne. Sie sagen ein paar Sätze, wie es bei der Geburt war. Sie schließen mit dem Satz: Das war am ..., dabei zeigen sie auf die Geburtsdaten.)

Taufspender:
Euer Vater war am Tag der Geburt sehr gespannt. Vielleicht war er bei der Geburt dabei. Später hat er euch beim Standesamt angemeldet. Dort wurde euer Name eingetragen. Wisst ihr, warum eure Eltern euren Namen ausgewählt haben? Ich bitte die Väter, es euch zu sagen.

(Die *Väter* stehen in der Bank auf oder kommen nach vorn. Sie sagen kurz etwas zum Namen ihres Kindes und zeigen auf die Namen auf den Kerzen.)

Taufspender:

KERZE

Wenn jemand euren Namen ruft, dann seid ihr gemeint. Heute soll euer Name ins Taufbuch dieser Gemeinde eingetragen werden. Ein Prophet hat vor etwa 2500 Jahren gesagt:

> So spricht Gott der Herr: Fürchte dich nicht!
> Ich habe dich beim Namen gerufen.
> Du gehörst zu mir.
> AUS JES 43,1

Wahrscheinlich hat er sich das so vorgestellt: Wenn jemand in Gefahr ist, und dann kommt ein Großer und sagt: »Das ist der Peter, der gehört zu mir!«, dann braucht man keine Angst mehr zu haben. Ihr gehört zu Gott. Er ist bei euch. Dazu passt z.B. das folgende Lied:

Lied:
Das wünscht' ich sehr

Menschenkreis (Geschwister, Paten, Großeltern)
Taufspender:
Liebe Jungen und Mädchen, jede und jeder von euch ist einmalig. Aber ihr seid zum Glück nicht allein. In den ersten Tagen, Wochen und Monaten habt ihr die Hilfe eurer Eltern besonders gebraucht. Ohne andere Menschen kann niemand leben. Auch heute seid ihr nicht allein. Mit euch feiern Eltern und Geschwister, Paten und Großeltern, Verwandte und Freunde, die andern Tauffamilien (und eure Kommuniongruppen. Schaut euch um: Viele sind gekommen!). Es gibt noch viel mehr Menschen – in unserer Gemeinde, in unserer Stadt, in unserem Land und auf der ganzen Welt. Alle zusammen sind sie die große Familie Mensch.

Wo viele Menschen sind, gibt es manchmal Streit und Unzufriedenheit. Jesus wollte, dass alle in der Familie Mensch sich gut verstehen, dass sie sich wie gute Schwestern und Brüder verhalten, teilen, Frieden halten und sich helfen. Wie das gelingen kann, das hat er seinen Jüngern damals gesagt; zuletzt hat er sie geschickt, seine Botschaft der Liebe und Freundschaft weiterzusagen. N. liest uns diesen Auftrag Jesu vor:

KERZE

Geschwister oder Pate/Patin liest aus dem Evangelium nach Matthäus:

> Beim Abschied sagte Jesus zu seinen Jüngern: Geht zu allen Völkern und macht alle Menschen zu meinen Jüngern; tauft sie auf den Namen des Vaters und des Sohnes und des Heiligen Geistes, und lehrt sie alles, was ich euch geboten habe. Seid gewiss: Ich bin bei euch alle Tage bis zum Ende der Welt.
> AUS MT 28,19-20

Taufspender:
Ihr habt die Familie Mensch auf eure Taufkerze gesetzt. Eure Geschwister/Paten/Großeltern zeigen sie uns.

Lied:
Wenn du singst, sing nicht allein

FEIER DES SAKRAMENTS
Taufspender:
Liebe Jungen und Mädchen, Jesus sagte seinen Jüngern, sie sollten Menschen überall auf der Welt taufen – so werden sie Jesu Schwestern und Brüder. Was Jesus seinen Jüngern aufgetragen hat, das geschieht jetzt: Ihr werdet getauft!

Bei der Taufe gieße ich Wasser über eure Stirn. Wasser kann schaden und es kann nützen; es kann überschwemmen und es kann Leben erhalten. Ohne Wasser gäbe es kein Leben auf dieser Welt. Ich segne das Taufwasser nun: Es soll für euch ein Lebenswasser sein.

Taufwassersegnung:
Guter Gott, du hast die Erde und das Wasser geschaffen. Durch das Wasser gibt es Leben auf dieser Welt. Ohne Wasser vertrocknen

Pflanzen; Tiere und Menschen verdursten. Wasser schenkt allen Leben. Du hast Jesus zu den Menschen gesandt. Er wurde von Johannes im Jordan getauft. Er hat den Menschen Wege zu einem guten und glücklichen Leben gezeigt und seine Jünger aufgefordert, Menschen in aller Welt zu taufen.

KERZE

Deshalb werden heute N., N. und N. getauft. Du hast ihnen das Leben auf dieser Welt geschenkt. Ihr Leben ist und bleibt in deiner Hand. Durch das Wasser der Taufe werden sie Jesu Schwestern und Brüder.

Wir bitten dich: Segne dieses Wasser! Es empfange die Kraft des Heiligen Geistes und werde ein Zeichen des neuen Lebens, das du den Menschen schenken willst durch Jesus, unsern Bruder und Herrn.

Taufbekenntnis:

Vor der Taufe kommt das Taufbekenntnis. Im Taufbekenntnis bekennen wir unseren Glauben. Zu unserem Glauben gehört es, dass wir widersprechen und widerstehen, wo Unrecht geschieht. Ich frage euch und Sie alle danach. Wer bereit ist zu widersprechen, antwortet auf die folgenden drei Fragen: Wir widersprechen (oder: Wir widersagen).

Widersprecht ihr, wenn Böses geschieht? (Widersagt ihr dem Bösen?)

Widersprecht ihr aller Gewalt und Ungerechtigkeit?

Widersprecht ihr, wenn Gottes Schöpfung zerstört wird?

Nun frage ich nach unserm Glauben. Wer zustimmt, antwortet auf die drei Fragen: Wir glauben.

Glaubt ihr an Gott, den Schöpfer der Welt und unseres Lebens?

Glaubt ihr Jesus, der unter den Menschen lebt, der die Botschaft der Liebe Gottes brachte, der gekreuzigt und von Gott mit neuem Leben beschenkt wurde?

Glaubt ihr, dass im Heiligen Geist, im Geist Jesu Vergebung und Neubeginn immer wieder möglich sind und dass wir auf eine Zukunft hoffen dürfen, wenn unser Leben hier zu Ende geht?

Ich frage N., N. und N.: Wollt ihr in diesem Glauben getauft werden?

Taufdatum
Der Tag eurer Taufe ist auf eurer Taufkerze vermerkt! (Taufspender zeigt es.) – Als Jesus getauft wurde, öffnete sich der Himmel und Gott rief: Du bist mein Sohn, den ich liebe. Auch über euch soll sich der Himmel öffnen, denn Gott liebt auch euch. Wir singen (z. B.):

KERZE

Lied:
Der Himmel geht über allen auf

Deutende Riten und Abschluss
Salbung mit Chrisam:
Ihr gehört zu Christus, seid Christen. Christus ist ein griechisches Wort; es heißt übersetzt: der Gesalbte. Könige bekamen früher eine Krone und sie wurden gesalbt. Salben brauchen wir auch heute noch, z.B. wenn die Haut verletzt oder verbrannt ist oder wenn Frauen sich schön machen. Das hier ist Chrisam. Chrisam ist eine alte Heilsalbe. Ich zeichne euch mit Chrisam ein Kreuz auf die Stirn. »Ich salbe dich mit dem Chrisam des Heiles. Du hast königliche Würde. Bleibe gesund an Leib und Seele!«

Symbol Sonne und Anzünden der Taufkerze
Liebe Mädchen und Jungen, jetzt seid ihr getauft und gehört zu den Jüngerinnen und Jüngern, zu den Freundinnen und Freunden Jesu. Als Jesus auf die Welt kam, war eine dunkle Zeit. Viele Menschen waren arm. Viele hatten Angst – Angst vor römischen Soldaten und Angst vor Gott. Jesus hat den Menschen damals Freude und Hoffnung geschenkt. Er war wie ein Licht in einem dunklen Raum. Jesus hat gesagt: Vor Gott braucht ihr keine Angst zu haben. Er mag euch. Das war so, als ob nach einer dunklen Nacht die Sonne aufging. Deshalb haben die Menschen damals gesagt: Jesus ist für uns ein Licht der Hoffnung.

Ein Zeichen dafür ist die Osterkerze. Wenn sie in der Dunkelheit brennt, wird es hell. Auf der Osterkerze seht ihr ein Kreuz: das ist ein Zeichen für Jesus. Außerdem seht ihr die Zahl ... Das ist dieses Jahr.

Jesus ist mitten in unserer Zeit, er schenkt uns Hoffnung und Freude. Zur Erinnerung an Jesus, das Licht, habt ihr eine Sonne auf eurer Taufkerze befestigt. Jetzt steckt eure Taufkerzen an der Osterkerze an: Ihr sollt euch anstecken lassen vom Glauben und von der Freude Jesu und selber ein Licht für andere sein.

(Stille beim Anzünden, das Licht in der Kirche wird ausgeschaltet; dann:)

Lied:
z.B. Einer hat uns angesteckt
Oder: Tragt in die Welt nun ein Licht

Nun dürfen alle anderen Kinder sich von der Freude der Täuflinge anstecken lassen und ihre eigene Taufkerze oder eine andere kleine Kerze an den Taufkerzen von N., N. und N. anstecken.

Fürbitten:
Am Ende der Feier gratulieren euch eure Verwandten und Gäste und sie sagen euch gute Wünsche. Einige dieser Wünsche sagen wir jetzt Gott und bitten ihn, dass er sie in Erfüllung gehen lässt.
Gott, unser Vater, wir bitten dich:
◈ für N., N. und N.: schenke ihnen einen festen Glauben …
◈ erfülle sie mit Freude darüber, dass sie einmalig sind …
◈ hilf ihnen, in Frieden mit allen Menschen zu leben …
◈ mach sie bereit, mit andern Menschen zu teilen …
◈ schenke ihnen in dunklen Stunden ein Licht der Hoffnung …
Gemeinsam wollen wir als Gottes Kinder den Vater im Himmel bitten, dass sein Wille geschehe, dass alle Menschen Brot haben und alles, was sie zum Leben brauchen. Wir bilden einen Kreis – wie auf der Kerze – und reichen uns zum Zeichen der Verbundenheit die Hände. Wenn die Kinder in einer Hand ihre Kerze haben, fassen die Nachbarn die Kerze mit an; wir sprechen/singen gemeinsam:

Vaterunser

Segensgebet:

Nun spreche ich ein Segensgebet. Alle Kinder nehmen ihre Kerze in die linke Hand und strecken die rechte Hand zum Segen aus:

Vater im Himmel, segne N., N. und N. Segne alle Kinder hier und in der ganzen Welt. Segne ihre Eltern und alle, die dafür sorgen, dass es Kindern gut geht. Segne Großeltern, Paten und Verwandte, segne Kindergärtnerinnen und Lehrer, dass alle sich gemeinsam um eine gute Zukunft für die Kinder bemühen.

So segne euch alle der gute Gott: der Vater, der Sohn und der Heilige Geist.

Lied:

z.B. Danke

Beispiel für ein weiteres Symbol, z.B. ein Haus:

Liebe Jungen und Mädchen, die Welt ist so groß, dass wir uns manchmal wie verloren vorkommen. Leider haben viele Mädchen und Jungen in armen Ländern kein Zuhause: sie haben keine Eltern mehr und leben auf der Straße. Das ist nicht gut. – Ihr habt Eltern und ein Zuhause, ein Bett (und vielleicht sogar ein eigenes Zimmer). Wenn es draußen kalt ist und regnet oder wenn ihr müde seid oder Ärger habt, dann könnt ihr dorthin gehen. – Jesus sagt einmal: Im Haus meines Vaters sind viele Wohnungen. Damit meint er: Bei Gott seid ihr geborgen. Er hat einen Platz für euch in seinem Herzen. Der Apostel Paulus sagt: Wer getauft ist, hat ein Hausrecht bei Gott. Das bedeutet so viel, wie wenn man den Schlüssel zu einem Haus bekommt. Man darf dann dort ein- und ausgehen.

Zum Zeichen dafür habt ihr auf euren Kerzen ein Haus angebracht. Dazu passt unser Lied:

Lied:

Gott baut ein Haus, das lebt

Vorschläge zur Taufe eines Erwachsenen
VON MARIA SCHMELZER

Vorbemerkungen

Ich unterscheide zwischen der Vorbereitung auf die Taufe – Katechumenat – und der Tauffeier mit der Spendung der Taufe. Der Begleiter durch das Katechumenat kann ein Priester/Diakon sein, ein hauptamtlicher Laie, ein Gemeindemitglied, eine Person des Vertrauens des Taufbewerbers, der Pate oder die Patin ... Bei der Vorbereitung auf die Tauffeier sind inhaltliche Gespräche mit dem Spender der Taufe, dem Taufbewerber/der Taufbewerberin und dem Begleiter unerlässlich.

Der erwachsene Taufbewerber ist im Allgemeinen ein Neuling im Bereich kirchlichen Lebens, der Rituale, meistens auch im Umgang mit der Bibel. Im Prozess der Vorbereitung wird der Begleiter den Taufbewerber exemplarisch und erfahrungsorientiert an Inhalte des Glaubens, an die oft symbolhafte Sprache biblischer Texte, an deren jüdisch-christliche Botschaft, an historisch gewachsene Riten ... heranführen. Die Grundorientierung ist immer der Täufling in seinem fragenden und suchenden So-Sein, immer so, dass der Täufling Subjekt des Prozesses ist. In diesem Prozess braucht der Täufling auch Angebote von Seiten des Begleiters.

In einem thematischen Zusammenhang z.B. der »Predigt auf dem Berge« (Mt5ff.) ist die Beschäftigung mit dem Auftrag »Ihr seid das Salz der Erde!« im Hinblick darauf, den Glauben auch und gerade im Alltag zu leben, hilfreich und vielfältig. Daraus kann sich der thematische Schwerpunkt der Tauffeier entwickeln.

Die Tauffeier kann gefeiert werden:

◈ im Rahmen eines Gemeinde-Gottesdienstes, in den sowohl der Empfang der Eucharistie als auch die Firmung (Priester mit bischöflicher Beauftragung) einbezogen werden können;
◈ mit der Familie, Paten und Freunden des Täuflings im Rahmen einer Einzelfeier.

Bibeltexte

Es geht, wie bei jedem Symbol, darum, auch die Ambivalenz zu verdeutlichen: Salz hat eine dem Leben dienende und eine das Leben zerstörende Seite: das Zuviel – das Zuwenig – das gute Maß:

Leben zerstörende Wirkungen des Salzes:

Gen 19,26:
> Als Lots Frau zurückblickte, wurde sie zu einer Salzsäule

Weisheit 10,7:
> Eine Salzsäule als Denkmal einer ungläubigen Seele

Ri 9,45:
> Dann zerstörte er (Abimelech) die Stadt und streute Salz über sie

Ps 107,34:
> Er (der Herr) machte fruchtbares Land zur salzigen Steppe

Dtn 29,22:
> Schwefel und Salz bedecken es (das Land); seine Fläche ist eine einzige Brandstätte; es kann nicht besät werden und lässt nichts aufkeimen; kein Hälmchen kann wachsen (wie nach der Zerstörung von Sodom und Gomorra)

Leben erhaltende Wirkungen des Salzes:

Ez 47,8:
> Dieses Wasser (Tempelquelle) läuft in das Meer, in das Meer mit dem salzigen Wasser. So wird das salzige Wasser gesund.

Lev 2,13:
> Jedes Speiseopfer sollst du salzen, und deinem Speiseopfer sollst du das Salz des Bundes deines Gottes nicht fehlen lassen; jede deiner Opfergaben sollst du mit Salz darbringen ...

Num 18,19:
> ... das soll für dich und auch für deine Nachkommen als ein ewiger Salzbund vor dem Herrn gelten (vgl. *2 Chron 13,5*)

2 Kön 2,21:
> Elischa befahl: Bringt mir eine neue Schüssel und schüttet Salz hinein ... und er ging zur Wasserquelle und warf das Salz hinein mit den Worten: Ich mache dieses Wasser gesund. Es wird keinen Tod und keine Fehlgeburt mehr verursachen ...

Sir 39,26:

> Das Nötigste im Leben eines Menschen sind Wasser, Feuer, Eisen und Salz ...

Ez 16,4:

> Man hat dich nicht mit Wasser abgewaschen, nicht mit Salz eingerieben, nicht in Windeln gewickelt (Gott – Israel)

Aus den Evangelien:

Mt 5,13: Vom Salz der Erde und vom Licht der Welt:

> Ihr seid das Salz der Erde. Wenn das Salz seinen Geschmack verliert, womit kann man es wieder salzig machen?

Lk 14,34 f.:

> Das Salz ist etwas Gutes. Wenn aber das Salz seinen Geschmack verliert, womit kann man ihm die Würze wiedergeben? Es taugt weder für den Acker noch für den Misthaufen, man wirft es weg.

Mk 9,50:

> Das Salz ist etwas Gutes. Wenn das Salz die Kraft zum Salzen verliert, womit wollt ihr ihm seine Würze zurückgeben? Habt Salz in euch und Frieden untereinander.

Das Märchen vom Salz

Ein König hatte drei Töchter, die er sehr liebte. Er wollte wissen, ob sie ihn genau so liebten, und darum fragte er jede einzeln: »Wie lieb hast du mich?«

Die Älteste antwortete: »Ich liebe dich wie mein schönstes Kleid!« – Der König lächelte erfreut.

Er fragte die zweite: »Wie lieb hast du mich?«

Sie antwortete: »Ich liebe dich wie meinen schönsten Schmuck!« – Der König freute sich, als er das hörte. Er fragte die Jüngste, die er insgeheim am meisten liebte: »Wie lieb hast du mich?«

Sie sah ihn an und sagte: »Ich liebe dich wie das Salz!« – Der König wurde rot vor Zorn: »Wie kannst du mich so beleidigen? Mich zu lieben wie Salz, wie schnödes Salz! – Ich will dich nicht mehr sehen! Fort mit dir!«

Er verbannte sie, sie solle ihm nicht mehr unter die Augen kommen. Nun aber ergab es sich, dass der Salztransport, der in das Reich des Königs unterwegs war, überfallen wurde. So kam kein Nachschub von Salz mehr in das Land, in die Stadt und in das Schloss, die Vorräte wurde immer weniger.

Der nächste Transport wurde aufgehalten, weil es ein Unwetter gab und die Wege nicht passierbar waren. Und wieder kam kein Nachschub von Salz, die Vorräte waren aufgebraucht.

Die Menschen veränderten sich. Ihr Haar wurde matt und verlor seinen Glanz. Die Haut wurde schlaff. Den Menschen fielen die Zähne aus. Die Vorräte an Fleisch und Fisch verfaulten. Die Köche im Schloss versuchten bis zuletzt, dem König die Folgen des fehlenden Salzes zu ersparen, aber schließlich merkte er die Veränderungen auch, und er fragte, was denn passiert sei. Die Köche erklärten es ihm – und ihm ging auf, was seine jüngste Tochter gemeint hatte, als sie ihm sagte: »Ich liebe dich wie das Salz!« Er weinte bitterlich und hätte sie gerne um Verzeihung gebeten – aber er hatte sie ja verbannt.

Da ließ er im ganzen Land ausrufen und bekannt machen: »Liebe Tochter! Komm zurück! Ich bitte dich um Verzeihung. Ich habe dir Unrecht getan.«

Seine Tochter aber war ganz in seiner Nähe geblieben, am Fuß des Schlosses hatte sie gewohnt. Nun kam sie zu ihm.

Die Wege wurden wieder trocken; die Salzhändler kamen ins Land – die Menschen wurden wieder gesund und froh und dankbar für die Gabe des Salzes – und der König wusste nun, wie lieb ihn seine Tochter hatte.

Salz in Namen und Redewendungen

Salz: das »weiße Gold«
Salzburg, Salzkotten ... in Österreich: Hall, Hallein ...
Salzstraßen in allen Erdteilen und Kontinenten
Einen Sack Salz mit jemandem gegessen haben
Jemandem das Leben versüßen bzw. versalzen
Jemandem Salz in die Suppe schütten
Bei Umzug/Einzug in ein neues Haus Brot und Salz überreichen:
»Brot und Salz – Gott erhalt's«; ebenso bei einer Hochzeit

ELEMENTE FÜR EINE TAUFFEIER IM RAHMEN EINES GEMEINDEGOTTESDIENSTES

Begrüßung und Einleitung:

Zum heutigen Gottesdienst begrüße ich Sie ... (Gemeinde). Ganz besonders begrüße ich Frau/Herrn N.

SALZ   Meistens wird in der katholischen Kirche ein Kind getauft. Eltern wollen, dass ihr Kind getauft wird, dass ihr Kind Anteil hat am eigenen Glaubensleben, dass ihr Kind hineinwachsen kann in eine eigene, persönliche Beziehung mit Gott.

Ich weiß sehr wohl, dass ich damit eine ideale Situation beschrieben habe.

Heute werden Sie, Frau/Herr N., getauft. Sie haben um die Taufe gebeten und sich auf den Empfang dieses Sakramentes vorbereitet. Sie suchen die Gemeinschaft mit Menschen, die wie Sie auf dem Weg sind; Sie kennen helle und dunkle Tage, sind Umwege und Irrwege gegangen wie alle Menschen, Sie wissen um Einsamkeit und Gemeinsamkeit, Sie sehnen sich danach, Leben und Glauben zu teilen.

Im Prozess der Vorbereitung und bei der Planung dieses Gottesdienstes haben Sie den inhaltlichen Schwerpunkt SALZ gewählt – wir haben uns gemeinsam vorbereitet. Ihre Familie, Ihre Paten, Ihre Freunde und die ganze Gemeinde sind eingeladen, mit Ihnen im Gottesdienst zu beten, zu danken und zu feiern.

Von Jesus wissen wir, dass er als erwachsener Mann zu Johannes an den Jordan kam und die Taufe begehrte. Dabei machte er eine Gotteserfahrung, die bestimmend wurde für sein Leben: geliebter Sohn Gottes zu sein!

Gottes geliebte Tochter zu sein, Gottes geliebter Sohn zu sein – diese Zusage gilt auch Ihnen, Frau/Herr N. – und allen, die mit Ihnen hier sind.

Gebet:

Gott – Jesus hat dir deine Liebe geglaubt;
diesen Glauben hat er gelebt und
immer mehr vertieft im Kontakt mit dir,
mit sich und mit den Menschen.
»Du bist mein geliebter Sohn!«
»Du bist meine geliebte Tochter!« – sagst du auch zu uns.
Wenn wir dir glauben, geliebt zu sein,
wenn diese Gewissheit in uns wachsen kann,
dann werden wir unser Leben leben können mit anderen
in deiner Kraft und Gnade, wie Jesus unser Bruder. Amen.

1. Lesung:

Schriftstellen aus dem Alten und Neuen Testament (s. o., Bibeltexte, S. 177ff.) mit kurzem Kommentar:

Jedem Symbol eignet Polarität, so auch dem Salz. Salz hat Leben
fördernde und Leben erhaltende Wirkung: Früher wurden z.B.
Lebensmittel mit Salz länger haltbar gemacht. Es hat auch Leben
gefährdende und sogar Leben zerstörende Wirkungen: mit einer
Portion Salz können Sie Pflanzen zerstören.

Diese ganz unterschiedlichen und gegensätzlichen Wirkungen
von Salz zu kennen ist wichtig, um zu verstehen, was Jesus mit seiner Aufforderung: »Ihr seid das Salz der Erde!« meint und was es
konkret bedeuten kann, Salz zu sein und zu bleiben in den vielfältigen Situationen menschlichen Lebens als entschiedener Christ.

2. Lesung:

Das Märchen vom Salz (s. o., S. 178f.)

Evangelium:

Mt 5,13 // Lk 14,34 f.

Predigt:

Gedanken für eine Predigt können den oben aufgeführten Texten entnommen werden.

Persönliches Glaubenszeugnis des Taufbewerbers oder
Credo:

SALZ

(Glaubenszusage des Taufbewerbers und Tauferneuerung der Gemeinde: In dieses Glaubenszeugnis können alle einbezogen werden, die sich in ihrer persönlichen Glaubensbeziehung zu Gott erneuern wollen.)

Glauben Sie an Gott, der uns Menschen nach seinem Bilde schuf und die Welt in unsere Hände gelegt hat?
– Ich glaube.
Versprechen Sie, nach besten Kräften die Schöpfung zu erhalten und an der Gestaltung einer Welt für alle mitzuwirken?
– Ich verspreche es.

Glauben Sie, dass ER ein befreiender und liebender Gott ist, der will, dass wir die geschenkte Freiheit bewahren?
– Ich glaube.
Versprechen Sie, sich für das Wohl Ihrer Mitmenschen einzusetzen, zu kämpfen gegen Ungerechtigkeit und Ausbeutung von Menschen?
– Ich verspreche es.

Glauben Sie, dass Jesus tief davon überzeugt war, Gottes geliebter Sohn zu sein; dass er diesen Glauben gelebt hat im Denken, Reden und Tun – und uns dadurch zum Weg, zum Licht, zum Brot, zum Salz geworden ist?
– Ich glaube.
Versprechen Sie, dass Sie sich wie Jesus bemühen, Licht und Weg und Brot und Salz für Ihre Mitmenschen zu sein in der Kraft und Gnade Gottes?
– Ich verspreche es.

Glauben Sie, dass göttlicher Geist uns erfüllen will, so dass wir in Gedanken, Worten und Werken uns von der Liebe bestimmen lassen?

– Ich glaube.

Versprechen Sie, die oft vielfältigen Stimmen im eigenen Innern zu unterscheiden und zu entscheiden nach der je größeren Liebe?

– Ich verspreche es.

Spendung der Taufe
(Evtl. Spendung der Firmung)

Gebet:
(Kann je nach Gruppengröße und Situation von allen gesprochen werden.)

Gott – du lässt uns durch Jesus sagen:

»Ihr seid das Salz der Erde!«

Wie ist denn Salz?

Salz erfüllt sein Wesen,

indem es Speisen würzt und

Lebensmitteln eine längere Dauer gibt.

Indem es das tut, löst es sich auf,

anders kann es seine Aufgabe nicht erfüllen.

Gott – wenn wir sein sollen/wollen wie Salz –

wie sind wir dann?

Wir, als deine Ebenbilder,

sollen den Menschen an deiner Statt tun,

was du tun würdest:

den Menschen Lebens-Mittel sein

den Menschen das Leben zusagen

den Menschen das Leben würzen

den Menschen guten Geschmack am Leben geben.

Das können wir in deiner Kraft und Gnade,

die in uns und durch uns zur Vollendung kommt.

So sei es. Amen.

Vaterunser (erweiterte Fassung):

Schöpfer dieser wunderbaren Welt,
unser Vater, unsere Mutter.
Heilig ist dein Name, der Name eines Liebenden.
Es geschehe, was du für uns willst.
Dein Reich der Wahrheit,

der Liebe und des Friedens komme bald.
Gib uns, was wir täglich brauchen:
Brot für den Leib,
Liebe fürs Herz,
Mut für Geist und Willen.
Vergib und mach gut, was wir schlecht gemacht haben;
richte uns zurecht und entgifte in uns, was uns angetan wurde.
Halte uns fest, wenn Mächte des Nichts uns losreißen wollen von dir
und zieh uns mit großer Kraft an dich,
jetzt und in der Stunde unseres Todes.
Lass uns dann eingehen in dein Reich. Amen.

Für den Neugetauften: zum ersten Mal *Empfang der Eucharistie*
Nach der Kommunion vor dem Segen: *Gabe des Lichtes – Taufkerze*

Gebet:

Gott – wir sollen auf dieser Erde tun, was du tun würdest,
wir sollen handeln an deiner Statt:
Salz sein
Brot sein
Licht sein –
so wie Jesus, unser Bruder,
der mit dir und in uns lebt,
heute und in Ewigkeit. Amen.

(Als Abschluss der Tauffeier kann ein allgemeiner Segen gesprochen werden. Es ist auch sinnvoll, den Täufling zu segnen und damit einen Zuspruch zu verbinden:)

Dem Neugetauften an dieser Stelle *Brot und Salz* mit auf den Weg zu geben, ist Zeichen für Gabe und Aufgabe des Glaubens, der zu *tun* ist.

SALZ

Jetzt ist die Feier – der Alltag beginnt unmittelbar danach.
Ich sende Sie in Ihr Leben mit dem Segen Gottes,
der zu Ihnen sagt: Du bist mein geliebter Sohn/meine geliebte Tochter.
Sich von Menschen geliebt wissen, ist ein wunderbares,
das Leben veränderndes Geschenk.
Noch mehr gilt das für die Liebe,
die von Gott zu uns kommt
und die jeder Liebe vorausgeht.
Glauben Sie dieser Liebe!
Nehmen Sie diese Liebe Gottes in Anspruch!
An Ihnen ist es, sich als von Gott geliebt zu erweisen.

> Daran wird die Welt erkennen,
> dass ihr meine Jüngerinnen und Jünger seid,
> wenn ihr einander liebt.
> JOH 13,35

Als Zeichen des Da-Seins Gottes für uns Menschen möchte ich Sie, Frau/Herr N., und die Gemeinde segnen im Namen Gottes, der für uns als Vater, als Bruder und als Heiliger Geist da ist.

ELEMENTE FÜR EINE TAUFFEIER
»IM KLEINEN RAHMEN«

Begrüßung und Einleitung:
Inhaltlich wie oben (S. 176), der Situation angepasst.

Gebet:
(s. o., S. 181)

Lesung:
Bibeltexte (s. o., S. 177ff. oder Auswahl daraus)

Gespräch:
Im kleinen Kreis bietet es sich an, ein Gespräch über einzelne Bibelstellen der vorgegebenen Auswahl zu führen.
Mögliche Schritte im Gesprächsablauf:
◈ Welche Bibelstelle spricht mich an? Wie?
◈ Wie ist der Hintergrund dieser Aussage – und: gibt es eine Aktualisierung?
◈ Welche Gedanken und Erfahrungen verbinde ich mit der Bibelstelle?
Zum Abschluss des Gespräches kann jede(r) Teilnehmer(in) die von ihm ausgewählte Bibelstelle noch einmal vorlesen (langsam – mit Stillezeiten).

Es ist auch möglich, mit den Teilnehmern ein Gespräch über den ausgewählten *Märchentext* zu führen (s. o., S. 178f.). Mögliche Schritte:
◈ Was macht der Text mit mir? Was ist hängen geblieben?
◈ Was freut mich? Was ärgert mich? Welche Fragen habe ich?
◈ Welche Gedanken löst der Text in mir aus? Erinnerungen?
◈ Welche Botschaft hat der Text für mich, für mein Leben zu diesem Zeitpunkt und auf die Zukunft hin?
Es bietet sich an, dass der Gesprächsleiter/Priester die Botschaft von Mt 5,13ff. als Gabe und Aufgabe des Christen hier mit einbringt.

Zeichenhandlung:

Früher wurden dem Säugling bei jeder Taufe einige Körner Salz auf die Zunge gegeben. Heute steht SALZ im inhaltlichen Mittelpunkt dieses Gottesdienstes. Es bietet sich geradezu an, dem Taufbewerber – möglicherweise auch allen Anwesenden – einige Salzkörner in die Hand zu geben und sie zu bitten, es zu schmecken:

◈ den Salzgeschmack bewusst wahrnehmen
◈ sich der Leben erhaltenden und Leben zerstörenden Wirkungen von Salz bewusst sein;
◈ die Bedeutung auf das eigene Leben übertragen und eine bewusste Entscheidung treffen, wie »man« leben will vor Gott, sich selbst und den Menschen.

Der Taufbewerber kann an dieser Stelle ein persönliches Glaubenszeugnis beten. Oder: Credo (s. o., S. 182f.)

Spendung der Taufe

Salbung mit Öl

Gabe des Lichtes

Schlussgebet

Segen:

(s. o., S 185: Paten, Angehörige und Freunde segnen die/den Getaufte(n) und sprechen ihr/ihm ihre Segenswünsche zu.)

ANHANG

Textquellen

S. 23f.   Antoine de Saint-Exupéry. Aus: Ders., Wind, Sand und Sterne
© 1939 und 1999 Karl Rauch Verlag, Düsseldorf

S. 27   Birgitt und Werner Knubben. Aus: Dies., Du bist ein Geschenk. Meditationen zu
Schwangerschaft und Geburt, Verlag Herder, Freiburg i.Br. 1986 (neu 2005)
© Birgitt und Werner Knubben, Sigmaringen 2005

S. 27f.   Thea Bellm. Aus: Am Morgen des Lebens. 2. Auflage Badenia Verlag 1985
© Thea Bellm, Karlsruhe

S. 28   Jürgen Werth. Originaltitel: I Got You. Text und Melodie: Paul Janz. Dt. Text: Jürgen
Werth © 1976 Paragon Music Corp., adm. By Unisong Music Publishers B.V. Print-
rechte für D, A, CH: Hänssler Verlag, D-71087 Holzgerlingen

S. 29f.   Christa Peikert-Flaspöhler. Aus: Dies., Füße hast du und Flügel. Lahn-Verlag 1982
© bei der Autorin

S. 31   Khalil Gibran. Aus: Ders., Der Prophet, Verlag Herder, Freiburg i.Br. 2. Aufl. 2002

S. 31   Nazim Hikmet. Aus: Ders., Gedichte. Übersetzt von Gisela Kraft

S. 33   Martin Gotthard Schneider. Aus: Ders., Sieben Leben möcht' ich haben © beim Autor

S. 32f.   Wilhelm Bruners. Aus: Ders./Waltraud Grießer, Sich erzählen lassen. Der Mann, der
Garten und die Vögel. Geschichten, Bilder und Gedichte © B. Kühlen Verlag, Mönchengladbach 2002

S. 33   Textauszug: Nelson Mandela in seiner Antrittsrede 1994. Aus: Marianne Williamson,
Rückkehr zur Liebe © 1993 Wilhelm Goldmann Verlag, München in der Verlags-
gruppe Random House GmbH. Übersetzung: Susanne Kahn-Ackermann

S. 33f.   Rudolf Otto Wiemer. Aus: Ders., Ernstfall © Verlag J. F. Steinkopf, Stuttgart,
2. Aufl. 1973

S. 35   Jörg Zink © beim Autor

S. 36f.   Wilhelm Willms. Aus: Ders., Mitgift* eine Gabe, mitgegeben in die Ehe
© Verlag Butzon & Bercker, Kevelaer, 10. Auflage 1996, S. 45

S. 37f.   Josef Osterwalder, Quelle unbekannt

S. 39   Lothar Zenetti. Aus: Ders., Auf seiner Spur. Texte gläubiger Zuversicht (Topos Plus
327); © Matthias-Grünewald-Verlag der Schwabenverlag AG, Ostfildern, 4. Auflage
2006, S. 90

S. 43   Huub Osterhuis. Aus: Ders., Du bist der Atem und die Glut. Gesammelte Meditationen
und Gebete, Verlag Herder, Freibur i.Br. 1996

S. 44   Adaption einer Rede, die Häuptling Seattle 1855 an den Präsidenten der Vereinigten
Staaten gerichtet haben soll.
Der Text ist eine freie Bearbeitung eines Redetextes, der erstmalig publiziert wurde im
»Seattle Sunday Star« 1887 und später auch in der »Washington Historical Quaterly«
erschienen ist.
Die Deutschen Rechte liegen bei der Dedo Weigert Film GmbH, München.

S. 44   Sophie Scholl. Aus: Hans Scholl. Sophie Scholl, Auszug aus »Briefe und Aufzeichnun-
gen«, © S. Fischer Verlag GmbH, Frankfurt am Main 1984

S. 58f. Wilhelm Willms. Aus: Ders., Meine Schritte kreisen um die Mitte. Neues Lied im alten Land. © 1984 Verlag Butzon & Bercker, S. 75

S. 59 Rudolf Otto Wiemer. Aus: Ders., Der Augenblick ist noch nicht vorüber, Kreuz Verlag, Stuttgart 2001, © Rudolf Otto Wiemer Erben, Hildesheim

S. 60 Wilhelm Bruners. Aus: Ders., Das Gespräch mit dem Engel und andere biblische Gespräche, Verlag Butzon und Bercker 1990 (neu 2002) © Wilhelm Bruners, Mönchengladbach

S. 78 Birgitt und Werner Knubben. Aus: Dies., Du bist ein Geschenk. Meditationen zu Schwangerschaft und Geburt, Verlag Herder, Freiburg i.Br. 1986 (neu 2005) © Birgitt und Werner Knubben, Sigmaringen 2005

S. 78f. Margaret Fishback Powers, Originalfassung des Gedichts Footprints © 1964 Margaret Fishback Powers. Übersetzt von Eva-Maria Busch. Deutsche Fassung des Gedichts Spuren im Sand © 1996 Brunnen Verlag Gießen. www.brunnen-verlag.de

S. 79f. Bettina Wegener. Aus: Dies., Sind so kleine Hände © Buschfunk Musikverlag GmbH, Berlin

S. 96 Hilde Domin. Aus: Dies., Gesammelte Gedichte, © S. Fischer Verlag GmbH, Frankfurt am Main 1987

S. 96f. Marian Reke, (Unveröffentlichtes Manuskript) © beim Autor

S. 97 Wolfgang Dietrich. Aus: Ders., Es ist ein Gesang in der Welt. Ein Psalter dieser Tage Bd. 1; © 1999 Verlag am Eschbach der Schwabenverlag AG, Eschbach/ Markgräflerland

S. 102f. Eva-Maria Zeltner Tobler. Aus: Kumbaya. Ökumenisches Jugendgesangbuch, hg. von M. Dähler, M. Jenny, B.J. Kaiser, E. Nievergelt, M. Schmid, R. Tobler, Zürich/ Luzern, 3. Aufl. 1994, Nr. 199 © TVZ Theologischer Verlag Zürich AG

S. 106 Huub Oosterhuis. Aus: Ders., Auf halbem Weg, Herder, Freiburg i.Br. 1985

S. 115f. Wolfgang Poeplau. Aus: Ders., In die Mitte der Welt führt deine Spur. Texte indianischer Weisheit, Verlag Ernst Kaufmann 2. Aufl. 1985

S. 116 Antonio Machado. Aus: Campos de Castilla Kastilische Landschaften. Herausgegeben und überarbeitet von Fritz Vogelgsang © 2001 by Ammann Verlag & Co., Zürich

S. 116f. Rose Ausländer. Wünsche III (Ich möchte ein Magnolienbaum sein/...). Aus: Dies., Wieder ein Tag aus Glut und Wind. Gedichte 1980-1982. © S. Fischer Verlag GmbH, Frankfurt am Main 1986

S. 118 Wilhelm Bruners © beim Autor

S. 128 Christa Peikert-Flaspöhler, Aus: Dies., Friede, nimm meine Hand. Lahn-Verlag 1984. Originaltext 5 Strophen © bei der Autorin

S. 129 Manfred Langner © beim Autor

S. 135 Anselm Grün. Aus: Ders., Quellen meines Lebens © Kreuz Verlag, Stuttgart 2003, S. 16

S. 158 Conrad M. Siegers. Aus. Ders., Wir trauen uns. Ein Glückwunschbuch zur Ehe, Düsseldorf: Patmos 5. Auflage 1995, S. 146 (Ausschnitt aus dem Text »Glückwunschdenken«). © beim Autor

Alphabetisches Textverzeichnis